REGALOS DE UN GUÍA

CONSEJOS DE UN MAESTRO ESPIRITUAL PARA
UNA VIDA PLENA

DUKE TATE

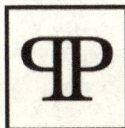

ISBN 978-1-951465-21-6 print
ISBN 978-1-951465-22-3 mobi
ISBN 978-1-951465-23-0 epub

Pearl Press
135 Jenkins Street
Ste. 135B, #133
Saint Augustine, Florida
32084

ÍNDICE

DESCARGO DE RESPONSABILIDAD

La información presentada en este libro está formulada como consejos para mejorar la calidad y el disfrute de la vida, y no pretende diagnosticar, tratar o prescribir ninguna afección médica; tampoco su objetivo es el proporcionar asesoramiento financiero profesional. Si no te sientes bien, busca un doctor o psiquiatra de confianza para recibir un diagnóstico y tratamiento adecuado. Si necesitas un buen asesoramiento financiero, deberás visitar a un experto en la materia antes de actuar.

INTRODUCCIÓN

Del 2005 al 2012 tuve la suerte de estudiar muchas áreas de la salud y la vida con un guía y médico sufi llamado Ali Dede, que recibió capacitación en varias partes del mundo. Dede es el director del Instituto Alef en México. Muchos de los temas que aprendí, recorriendo su camino, se referían a la superación de la sensibilidad química múltiple, la enfermedad de Lyme, la hipoglucemia y la disfunción eréctil: todos temas sobre los cuales escribo en detalle en mi primer libro de la serie *My Big Journey, Returning to Freedom: Breaking the Bonds of Chemical Sensitivities and Lyme Disease* (Recobrando la libertad: rompiendo las ataduras de la sensibilidad química múltiple y la enfermedad de Lyme). Este texto comenzó originalmente como un libro electrónico muy pequeño que autopubliqué, intitulado *How to Live: The Guide to Looking Young, Feeling Great and Becoming Rich* (Cómo vivir: la guía para verse joven, sentirse bien y volverse rico); y desde entonces, después de muchas reescrituras, finalmente se ha transformado en este libro que ahora tienes en tus manos.

Dede se formó con el famoso maestro sufi Idries Shah y

su hermano, Omar Ali Shah (Agha). En el sitio web del Instituto Alef, Dede describe un concepto muy importante que él llama "La salud a través de los cinco elementos". En resumen, trata acerca de cómo se puede mantener la salud a través de un equilibrio adecuado de los cinco elementos: aire, tierra, agua, fuego y espíritu. Si hay demasiado o muy poco de cualquiera de estos, o si uno de tales elementos está contaminado, ello puede provocar una enfermedad. En este libro me adentro en los aspectos específicos de estos cinco elementos, pero aliento a todos mis lectores a revisar su página web a fondo, ya que es la definición más sabia del concepto *salud* que he leído. Además, Dede escribió para sus hijos un maravilloso libro sobre la vida, intitulado *Consejo de un sufi*, que también está a la venta en su sitio web: www.sufismo.com. Está disponible en inglés, ruso y español.

Espero que todos los interesados en mi trabajo estudien las enseñanzas de Dede, ya que gran parte de lo que aprendí provino de este hombre humilde, sabio y notable, a quien tuve la suerte de llamar *maestro* por algún tiempo. Lo conocí en el año 2005 después de descubrir su sitio web a través de una búsqueda en Google. Solicité ser estudiante en su maravillosa escuela y él me aceptó; y también comenzó a ocuparse de mi salud. Si bien algunos de los conocimientos vertidos en este libro provienen de Dede, otras observaciones (como las citas) provienen principalmente de mi experiencia. Sugiero usar este libro como un manual que contiene información útil para la vida y la salud. Seguramente, no hay nada que suceda – o se escriba – por casualidad... y este libro no es la excepción.

Maestro Sufi Ali Dede

CAMBIA TUS PENSAMIENTOS, CAMBIA TU REALIDAD

El primer paso para aprender a vivir bien es comprender que la vida se trata de elecciones. Podemos tomar buenas o malas decisiones, pero todo lo que hacemos parte de una elección: sea consciente o no. Cuando tomamos malas decisiones, lo pagamos con consecuencias. Luego, pasamos mucho tiempo quejándonos sobre el resultado de lo que comenzó como una elección. Si tomas buenas decisiones, disfrutarás del resultado de esas maravillosas decisiones.

La elección más importante que podemos tomar es controlar nuestros pensamientos. Los pensamientos tienen un poder sobre lo que manifestamos y atraemos a nuestras vidas, y es algo que ahora la gente está estudiando en todo el mundo debido a la exitosa película *The Secret*. *El secreto* enseña la ley de la atracción, que establece que "lo similar atrae a lo similar". Los pensamientos tienen frecuencias, y al igual que las señales de radio, estos envían vibraciones al universo que hacen que una señal correspondiente regrese a nosotros. Mi guía sufi Ali Dede describió esto como si la mente fuese una radio antigua con un botón que puede sintonizar una estación en particular como "salud", "estado físico", "riqueza", "felicidad", etc. Desafortunadamente, muchos de nosotros tenemos una perilla rota que está fija en un canal negativo como "el dinero es malo" o "las relaciones apestan", por lo que seguimos teniendo pensamientos repetitivos en ese canal, atrayendo así esas frecuencias bajas correspondientes. Repara tu radio girando la perilla a un nuevo canal positivo, y configura las frecuencias para que se manifiesten en tu vida.

A menudo nuestras radios están atrapadas en estos canales negativos debido a la educación que hemos recibido. Pero existe una herramienta fenomenal para despejar las intenciones inconscientes: la Técnica de liberación emocional (EFT en inglés).

TLE es básicamente una forma emocional de acupuntura que implica tocar los puntos meridianos con los dedos en lugar de usar agujas. TLE fue desarrollado por Gary Craig y es una combinación del perdón radical de *Un Curso de Milagros* escrito por Helen Schucman, Programación Neurolingüística (PNL), y los puntos meridianos descritos en *Terapia holística del campo del pensamiento* (una técnica de golpeteo o *tapping* desarrollada por Roger Callahan, la cual enseña y describe en su libro *Tapping the Healer Within*). Sugiero hacer *tapping* tan a menudo como sea posible, con una receta básica de TLE (que puedes encontrar en línea en el sitio web de Brad Yate: www.tapwithbrad.com) para descubrir los pensamientos negativos que te mantienen atrapado. Aprende y recuerda esta receta básica porque TLE aparecerá seguido en este libro. El experto en TLE, Brad Yates, tiene cientos de videos en YouTube a los que puedes acceder, y muchos programas excelentes que puedes comprar en su sitio web. Usé sólo un video del canal de YouTube de Brad Yates llamado "Cuestiones sexuales" durante cuatro días consecutivos para curar mi disfunción eréctil, asunto que (como podrás imaginar) me atormentó durante años.

Ahora que tienes esta maravillosa herramienta, exploremos otras cuatro herramientas muy poderosas que podrán ayudarte a comenzar *ya* a vivir tu mejor vida.

Analicemos ahora tu intención, que también es el segundo secreto de *Los once secretos del desarrollo espiritual* presentado por el maestro sufi Khoja Abd Al-Khaliq al Ghujdwani del Turkestán. Uno de los primeros y principales ejercicios que me enseñó Dede fue cómo usar mi intención. Ya hemos dicho que la vida se trata de elecciones. Si su mente es como un barco que viaja surcando el océano, tus intenciones son el timonel. Cada mañana, hago una lista de mis intenciones para el día con afirmaciones positivas. Usualmente realizo esto durante mi trabajo interno matinal. Tal intención podría ser "hoy elijo tener un día maravilloso " u "hoy elijo atraer buena salud".

"La gratitud es la clave del éxito", dice Dede. Toma un bloc de notas o un diario y escribe sobre aquello por lo cual estás agradecido, del siguiente modo: "Estoy muy especialmente agradecido por ..." Si reconocemos y afirmamos aquello por lo cual estamos agradecidos, descubriremos que nuestra vida ya es rica y está repleta de bendiciones. Además, este es un método para enviar frecuencias positivas al universo que, de acuerdo con la ley de atracción, como respuesta recibirá una frecuencia correspondiente que te brindará "más por lo cual estar agradecido".

Después de terminar tu lista de gratitud, haz una lista (numerada) de deseos. Comienza escribiendo lo primero que deseas en tu vida y luego sigue escribiendo todos los días, haciendo que la lista sea cada vez más larga. Antes de que las cosas puedan manifestarse en tu vida, debes desearlas. Muchos maestros en la comunidad de la ley de la atracción dicen que es la "vibración" de una persona lo que atrae las cosas hacia ellos, pero realmente se trata de lo que una persona desea firmemente. De lo contrario, ¿cómo podemos explicar por qué las personas malas pueden atraer cosas buenas e incluso buenas personas a sus vidas? Son abundantes las evidencias de esto. El deseo es el gran manifestante. Escribe: "Quiero tener más éxito financiero" o "Quiero atraer a una pareja maravillosa a mi vida".

Después de que termines tus intenciones y tus listas de deseos y gratitudes, es hora de realizar una visualización. Recomiendo pasar unos diez minutos diarios visualizando la vida positiva que quieres vivir. Mírate a ti mismo viviendo la vida que sueñas e intenta sentir las emociones que experimentarás mientras lo haces. Dede acuñó la siguiente frase sobre la importancia de la visualización: "Dediquemos tiempo a ver las cosas como queremos que sean, y lo que queremos se convertirá en realidad".

Otra herramienta de manifestación que puedes utilizar para estos fines es un tablero de visión. Por lo general, yo imprimo imágenes de cosas que me inspiran, cosas por las que estoy agradecido y cosas que quiero atraer a mi vida, y luego las pego en una pizarra. Esto podría ser un auto nuevo que quieres tener, la iluminación espiritual, salud, etc. La idea es que el mirar estas imágenes todos los días y el enfocarte en ellas con deseo te ayudará a atraerlas a tu vida.

MEDITACIÓN Y GUÍAS

La meditación es una técnica muy importante para mantenerte centrado y desarrollar tu vida espiritual. Personalmente, creo que todos deberíamos meditar durante un promedio de quince a cuarenta y cinco minutos al día. Los estudios han demostrado que la meditación puede aumentar la calidad y facilidad de la atención. Además, si una persona está buscando un maestro espiritual, no hay mejor lugar para comenzar a buscar que dentro de sí mismo. Muchos maestros reales no se comportan en apariencia como la gente quiere o espera que lo hagan; a menudo llevan vidas muy normales. Esos maestros pueden ser muy difíciles de encontrar. No ponen anuncios ni reclutan estudiantes como ciertos gurús charlatanes. Incluso la gente se hartó de la idea de maestros espirituales gracias a estafadores como Bikram Choudhury, que resultó ser un depredador sexual mientras se hacía pasar por gurú. Pero la presencia de tales falsos maestros no excluye la existencia de los verdaderos maestros. Hay un sabio dicho sufi: "La moneda falsa existe solo porque hay algo como el oro verdadero". Si has tenido dificultades para atraer a un maestro en el mundo exterior, entonces – a través de la meditación – puedes contactar a un guía que haya fallecido. Mi viaje comenzó con un maestro en este mundo, pero esa no tiene que ser tu historia. Famosos maestros espirituales como Gary Renard y Esther Hicks fueron visitados por guías mientras meditaban; estos guías se convirtieron en sus maestros. El problema es que la mayoría de las personas no se sientan en silencio durante el tiempo suficiente para así atraer a un maestro. La mayoría de las personas en Occidente están irremediablemente perdidas en el estar haciendo algo constantemente. Intenta, para variar, no hacer nada en absoluto... y quédate quieto. Mis maestros me enseñaron este ejercicio de no hacer nada a lo largo de los años, y ha cambiado mi vida de muchas maneras positivas.

Al momento de escribir este capítulo, puedo compartirte que he estado meditando todos los días durante casi catorce años. A veces, durante esta práctica, reflexiono y contemplo, que también son formas de meditación. Reflexiona sobre tu vida y observa lo que sucede mientras te sientas en silencio en la quietud del ahora sin que el ruido contamine tus pensamientos. Contempla la espiritualidad de tu vida. Toma notas sobre lo que te venga. Si combinas la meditación con la lectura de libros espirituales, ya te habrás involucrado con una forma de Trabajo Interior. Para ayudarte con esto, he compartido una lista de libros en la sección de Lecturas recomendadas y Recursos al final del tomo. Mientras lees estos libros, es muy posible que obtengas información, ya sea de tus guías o la realidad externa. Después de comenzar a leer libros espirituales mientras padecía la enfermedad de Lyme, empecé a tener sueños muy espirituales y simbólicos. En una noche particularmente conmovedora, soñé que estaba en una jungla en América del Sur, frente a un pequeño altar de piedra cubierto de lingotes de oro. A mi derecha estaba un sufi con una túnica verde esmeralda y una capucha. Más tarde, cuando conocí a Dede – quien había viajado por toda América del Sur y entonces vivía en México entendí la importancia del sueño. También me enseñó el valor de invertir en metales preciosos, incluido el oro. Reflexiona profundamente sobre tus sueños y regístralos. Lentamente te podrán revelar verdades internas sobre ti y la vida.

3

CURACIÓN EMOCIONAL Y MENTAL

Si tienes angustia emocional y has probado las herramientas mencionadas en los capítulos anteriores y aún no puedes sanar, quizá quieras probar los remedios florales de Bach. Edward Bach (1886-1936) era un homeópata inglés que creía que el rocío encontrado en los pétalos absorbía las propiedades de las plantas. A través de ensayos y errores clínicos, Bach descubrió que las esencias de diferentes flores eran buenos remedios para diversos estados de ánimo y emociones, y así creó los remedios florales de Bach.

Si esos no producen efecto, podría ser el momento de la terapia tradicional, algo que puede ser muy útil para la curación de todo tipo de traumas emocionales. Si tienes limitaciones financieras, busca asesoramiento gratuito de organizaciones benéficas católicas o de un profesional que esté dispuesto a trabajar contigo, acomodando sus tarifas a tus posibilidades. Si la terapia de liberación emocional funciona para ti, busca un profesional de TLE como Brad Yates (el mago de TLE). Puede que tu curación sea lenta al principio, especialmente si tienes muchos traumas, pero con el tiempo notarás que la sanación sucede.

Otra técnica útil para mejorar el bienestar emocional es regular la variabilidad de tu frecuencia cardíaca con la respiración cardíaca, desarrollada por HeartMath. La variabilidad de la frecuencia cardíaca controla el tiempo entre latidos. Cuando una persona siente emociones como alegría, aprecio y amor, esta variación está muy ordenada y se llama un "patrón coherente de ritmo cardíaco". Cuando una persona siente miedo, ira y odio, la variación es muy errática y se llama un "patrón de ritmo cardíaco incoherente". La investigación de HeartMath ha descubierto que la actividad de sentir la respiración entrando por el centro del corazón, mientras se siente gratitud, puede producir patrones coherentes de ritmo cardíaco. Asegúrate de invertir en el libro *The HeartMath Solution* y en un dispositivo de ondas EM para que puedas controlar la respiración de tu corazón.

Si padeces una enfermedad mental como el trastorno bipolar o un trastorno de ansiedad (como yo), es posible que necesites ver a un profesional. Probé casi todos los remedios naturales para la salud mental, incluida la hierba de San Juan, Sam-E, el orotato de litio y muchos otros. Si bien el orotato de litio ayudó a mejorar mi estado de ánimo, nada tuvo un profundo efecto en mi salud mental hasta que tomé el medicamento correcto. Es posible que debas consultar con un psiquiatra, quien puede recetarte medicamentos para tu trastorno. Algunos trastornos mentales son casi imposibles de tratar sin medicación, y las personas que viven con ellos pueden volverse muy inestables sin la prescripción adecuada; pero con la receta correcta, esas personas pueden vivir una vida normal. Dicho esto, quiero que sepas que para que yo finalmente pudiese superar mi trastorno de ansiedad necesité más que la medicina correcta: necesité fe.

CREE EN LOS MILAGROS

"A lo único que debemos temerle es al miedo mismo".

— FRANKLIN D. ROOSEVELT

Siempre he creído en los milagros, pero nunca supe realmente que eran posibles hasta que superé mi trastorno de ansiedad y abracé la vida sin miedo.

Según *Our World Date*, 264 millones de personas sufren de ansiedad. (*Anxiety Association of America*, s. f.) Por lo tanto, no hay nada de qué avergonzarse si eres uno de aquellos. Siendo presa de ella, puedes sentir que es el fin del mundo... pero sólo recuerda el dicho sufí: "Esto también pasará".

Sufrí una ansiedad paralizante durante la mayor parte de mi vida. Incluso era un niño ansioso. Mirando hacia atrás, no estoy seguro de a qué edad comenzó todo. Tanto mi madre como mi padre eran ansiosos: perfeccionistas y obsesivos compulsivos, a pesar de tener corazones de oro y ser muy amorosos. Desde entonces, ellos también han aceptado una vida sin miedo y son mucho más felices por eso.

Al principio, fueron las chicas las que empezaron a ponerme nervioso cuando apenas estaba cuarto grado. Cada vez que me gustaba una, me asustaba la idea de hablar con ella. En cierto nivel me sentía muy cohibido porque era – según mi evaluación – el joven más pecoso del mundo, y mis pecas y mi pelo rojo no siempre fueron recibidos con amabilidad por otros niños. Incluso me ridiculizaban en el patio de recreo por ser pelirrojo. La fobia a los colorados es una condición muy real que afecta a muchos niños en los Estados Unidos, y yo era uno de ellos. Mi ansiedad comenzó como un miedo vago y generalizado que siempre pendía allí sobre mi cabeza. Al principio era cauteloso con las situaciones y tenía una tendencia a analizar en exceso, a prefigurar cosas que en realidad no estaban allí. También comencé a desear alimentos vorazmente y poco a poco desarrollé un trastorno alimentario, utilizando la comida para calmar mis nervios. Los productos lácteos funcionaron mejor debido a su alto contenido de calcio (que tiene un efecto calmante), pero este método poco saludable de lidiar con mi problema me hizo subir de peso.

También tomaba refrescos con cafeína y mucha azúcar, como muchos otros niños de mi edad. La cafeína era una droga que demostraba sobradamente su capacidad para desestabilizarme, pero aun así la ansiaba. Me hacía sentir vivo y me daba la ilusión de tener más energía, aunque más tarde llegaría a comprender que no hay una energía real en la cafeína... solo una estimulación artificial.

Ahora también sé que tengo una inclinación natural hacia la ansiedad debido a mi tipo de personalidad según el eneagrama. El sistema de personalidad del eneagrama es un antiguo sistema de tipificación de la personalidad que establece que hay nueve tipos generales dispuestos a lo largo de un círculo, con el punto 9 en la parte superior. Esos nueve tipos son:

- (9) El pacificador
- (8) El guerrero
- (7) El aventurero
- (6) El leal
- (5) El observador
- (4) El creativo
- (3) El triunfador
- (2) El ayudador
- (1) El perfeccionista

Cada tipo tiene un solo subtipo: el instinto social, el instinto uno a uno, y el de la supervivencia. Cada tipo también tiene un "ala" a otro tipo a cada lado a lo largo del círculo. Por ejemplo, un tipo 5 podría tener un ala tipo 4 o tipo 6. Estas alas colorean el tipo primario al introducir comportamientos del otro tipo. Comencé a estudiar el eneagrama a la edad de diecisiete años ante la insistencia de mis padres, y el saber sobre ellos ha cambiado mi visión del mundo dramáticamente. Soy un tipo 8, El guerrero, al que le gusta estar a cargo y tomar el mando. Es uno de los tres tipos extrovertidos (7 y 3 son los otros dos).

Mi "ala", que es el tipo 7 en la tabla (El aventurero) explica mi ansiedad crónica, porque el tipo 7 es uno muy activo mentalmente. Ingenioso, intelectual y divertido, sus mentes trabajan muy rápido. Les gusta planear en exceso, viajar, disfrutar de los placeres, comer y divertirse. Esta característica típica de la *mente de mono* hace que los individuos aventureros (incluso en las alas) tengan mentes demasiado activas. El café y la cafeína en general pueden ser muy problemáticos para los miembros de estos grupos, y debo admitir que casi arruinan mi vida. A menudo hacen que estos tipos parezcan de alguna manera maníacos, y muchos tipos de Aventureros se abstienen del café.

Mi dependencia de la cafeína se complicó aun más por mi hábito, adquirido cuando era menor de edad, de fumar cigarrillos. Un día, en 1994, en la casa del lago de un amigo en el condado de Rankin, Mississippi, comencé a fumar cigarrillos; yo tenia trece años. Uno de mis buenos amigos sacó un paquete de Camel Lights que le había quitado a su hermana y me los pasó. Solo tomé ese primer cigarrillo para mostrarme *cool*, pero desde el momento en que lo inhalé... quedé enganchado. Por primera vez, sentí que se liberaba toda la tensión en mi cuerpo. El problema es que el efecto desapareció en treinta minutos, y pronto comencé a desear otro como una rata enjaulada. No dejé de desear la nicotina hasta hace poco, cuando finalmente abandoné los cigarrillos para siempre.

Al final de la escuela secundaria y durante toda la escuela secundaria, siempre tuve a mano la nicotina: mascar el tabaco cuando no podía fumar o deambular por el bosque para fumarme uno en soledad. También estaba bebiendo refrescos con cafeína durante todo el día. Yo era nervioso y divertido, pero maníaco y con la mente dispersa. No era realmente bipolar, excepto durante mi primer y segundo año en la escuela secundaria, cuando me enamoré perdidamente de una compañera de clase que no sentía lo mismo por mí. En ese momento, mi manía oscilaba con episodios de depresión. En retrospectiva, no está claro cuántos de mis síntomas fueron exacerbados por la cafeína y la dependencia de la nicotina. Hoy, tomo 5 mg de *Lexapro* para mi trastorno de ansiedad, lo que ayuda enormemente, pero también requiere trabajo interno para calmar la afección. La medicina solo puede hacer parte del trabajo.

La adicción al café es un problema grave para muchas personas. Más del 70 por ciento de la población mundial toma café todos los días. Desarrollado en los monasterios sufís en Yemen en el siglo XV para permitir períodos más largos de meditación, el café es consumido por casi todos en estos días. Para muchas personas no es un problema, pero para personas como yo es veneno o jugo de *troll* (jugo de *troll* porque me convierte en un uno cuando lo bebo), lo que hace que su bebedor se vuelva loco, agitado y nervioso. También es una de las bebidas más ácidas del mundo, lo que me hizo aun peor para mi salud y bienestar personal. En la exitosa comedia *Frasier*, que se emitió hace muchos años, el café en Seattle que frecuentaban se llamaba Café Nervosa. Eso resume mis pensamientos sobre el café. Para mí, el café era una droga y yo era un adicto. A pesar de que era un tipo ansioso y la cafeína exacerbaba mis síntomas, era muy adicto porque me sentía más en control cuando estaba conectado. También había experimentado una leve discapacidad en el aprendizaje infantil, lo cual me hizo un lector lento, y la cafeína aceleró mi "hiperfocalización" del cerebro izquierdo. En estos días, como alguien que lee más de 100 páginas en un buen día con muy poca o nada de cafeína, me río de todo. Con el tiempo, logré entrenarme para leer rápido simplemente mediante la repetición, pero en ese entonces sentí que necesitaba una ayuda para estudiar.

Otro problema que agravó mi actitud de *reacción de lucha o huida* (hiperexcitación) fue que siempre había respirado por la boca. Mi padre respiraba por la boca, y tal vez lo aprendí de él. El problema con la respiración bucal es que causa un nivel leve de hiperventilación porque es una función de emergencia que activa la respuesta de "lucha o huida" en el cuerpo. El cuerpo piensa que estás cazando, corriendo o en peligro. Resulta en una menor transferencia de oxígeno a la sangre, mientras que la nariz produce óxido nítrico, lo que permite una mejor absorción de oxígeno en los pulmones. El óxido nítrico también permite que tu cuerpo transporte oxígeno por todo el cuerpo y al corazón de manera más efectiva, al dilatar los vasos sanguíneos y relajar el músculo liso vascular. (Caffaso, s.f.) Nada ha hecho más para reducir mi ansiedad que el convertirme en un respirador nasal. También tiene un efecto de centrado espiritual. Siempre imaginé que nunca podría volver a adiestrarme a respirar por la nariz, pues mi nariz había estado crónicamente congestionada desde que era niño. Sin embargo, después de trabajar con mi guía sufí, Ali Dede, me entrené para respirar por la nariz en muy poco tiempo. Gran parte de esto es insistencia y práctica. El propio Dede tiene un tabique desviado pero respira todo el tiempo por la nariz.

Otro ejercicio muy importante que me enseñaron mis guías es el *no hacer otra cosa*. Los tipos nerviosos y ansiosos deben aprender a reducir la velocidad. Cuanto más nerviosos están, más activos son: correr, limpiar, organizarse, trabajar, comprar comida, etc. Practiqué intermitentemente el ejercicio de *no hacer otra cosa* durante más de un año. Esto implicaba permanecer quieto en mi habitación durante largos períodos de tiempo y no salir disparado a la tienda de comestibles o pasear al perro o para realizar cualquier otra actividad sin sentido: simplemente se trata de disfrutar de la existencia en el presente... en constante expansión. La ansiedad es sobre el pasado o el futuro, raramente el presente, y el antídoto contra el miedo es la fe. El nerviosismo es la falta de fe en Dios para protegerte. Como tal, superar la ansiedad es un milagro que requiere fe en lo divino para respaldarte en todo momento. Los tipos ansiosos realmente sufren de un problema de control: creen que solo ellos pueden arreglar todo y detener el desastre inminente.

Entonces, creo en los milagros, tengo fe, respiro por la nariz y practico el arte zen de *no hacer otra cosa*.

5

INFLUENCIAS

A medida que recorras el camino de la autorrealización, descubrirás que las influencias externas son algunos de los factores más importantes en tu bienestar y lo que atraes a tu vida. Asegúrate de seleccionar siempre las influencias más positivas que puedas. Repasar las cosas positivas que te han sucedido a lo largo del día una y otra vez también es muy útil.

Cuando elijas una película, trata de concentrarte en comedias o historias que te hagan sentir bien. Hay un creciente cuerpo de investigación que ha demostrado que la risa es muy beneficiosa para las personas en todos los niveles. Una película para sentirse bien podría ser una comedia como *What About Bob?* (1991) con Bill Murray o *The Holiday* (2006) con Kate Winslet. Algo cálido. Personalmente, me gustan los clásicos y veo muchas comedias viejas. Películas como *It´s a Wonderful Life* (1947) contienen mensajes poderosos sobre la vida y la gratitud. Cuando estaba muy enfermo, Dede me aconsejó que me rodeara de DVD de comedia. Es un hecho conocido que Stephen Spielberg sobrevivió a la filmación de *Schindler's List* (1994) viendo episodios de *Seinfeld* todas las noches en su habitación.

Solo escucha música que te haga sentir bien. Debido a que la música es emocional por naturaleza, puede tener un efecto muy fuerte en tu estado de ánimo. La música negativa realmente puede tirarte abajo. Sin embargo, el arte de algunos músicos muy talentosos cuyo trabajo acaso te "guste", puede tener frecuencias bastante negativas de odio, ira, miedo, envidia, codicia, etc. En lo referido a la música estadounidense, tiendo a escuchar cantautores. Los *standards* también tienen buen rollo, y me gustan Frank Sinatra, Steve Tyrell y Tony Bennett. Van Morrison y Loreena McKennitt son mis músicos espirituales favoritos, y creo que el cantante italiano Andrea Bocelli es un genio. La música clásica tiene frecuencias muy altas, y soy un gran admirador de Hans Zimmer.

Los libros son otra influencia que es muy importante tener en cuenta, pero debes elegirlos cuidadosamente. Se ha dicho que de alguna manera todo el conocimiento está registrado en los libros... en algún lugar. Si estás luchando con un problema en tu vida y quieres superarlo, recurre a libros de no ficción. Con las secciones de autoayuda llenas de libros sobre cómo cambiar tu vida, no hay excusa para no seguir los pasos rumbo a un recomenzar inmediato. Haz tu mejor esfuerzo para tratar de ser perceptivo en cuanto a qué maestros son falsos y cuáles son legítimos.

Considero que leer libros espirituales, como los cuentos enseñantes de la tradición sufí, es una práctica espiritual. Estas historias fueron desarrolladas por maestros iluminados y tienen un significado que impacta en el lector de acuerdo con su nivel de comprensión. En la sección de Recursos al final de este libro, encontrarás un enlace a la

Fundación Idries Shah (ISF), que vende muchos de estos libros, algunos de los cuales se pueden leer de forma gratuita y están disponibles como audiolibros en el canal de YouTube de la ISF. El filósofo Idries Shah (1924-1996) escribió innumerables libros llenos de asombrosos cuentos enseñantes. Recomiendo comprar algunos y leerlos una y otra vez. Su hijo, Tahir Shah, ahora también escribe brillante ficción con mensajes espirituales subyacentes. Invierte en algunos de sus maravillosos libros, como *Sopa de escorpión*, *Jinn Hunter* y *Hannibal Fogg*, y emprende el viaje hoy.

Muchas personas sienten aprensión por la lectura. Estamos viviendo en una cultura de sobreestimulación saturada por distintos medios de comunicación, donde los libros no son parte de la vida de todos. Para las personas que tienen aversión a la lectura, los audiolibros son una excelente manera de superar esto. En cierto modo, estos reemplazan – o hacen las veces de – los primeros narradores de cuentos en los bazares. Ali Dede me prescribió una vez la lectura de un libro maravilloso titulado *Bombshell* de la ex actriz Suzanne Somers. Un día me preguntó cómo iba mi lectura, y le dije que me resultaba muy difícil de leer porque había mucha ciencia nutricional. Recuerdo su simple respuesta asombrada, "Oh, Dios mío". Después de eso, cambié mi actitud para con el libro y decidí disfrutar de su lectura y aprender de él; y desde entonces, lo pude leer con total facilidad. Fue solo mi actitud al respecto lo que me detenía. Pensé que era difícil y, por lo tanto, lo era. En otra ocasión, Dede me pidió que leyera un libro de marketing que me pareció terriblemente aburrido. Cuando terminé, me preguntó cómo estaba. Le dije que realmente era un libro horrible y que lo despreciaba. Él siguió con, "¿Pero aprendiste algo de él?" Le respondí que sí, que seguramente había aprendido algo, y él a su vez dijo: "Si aprendiste sólo una cosa de un libro, entonces valió la pena leerlo."

6

NUTRICIÓN

C reo que el factor más importante para atraer lo que queremos es sentirnos bien físicamente, lo que puede contribuir en gran medida a cambiar tu perspectiva de la vida. Los alimentos que comemos pueden hacernos sentir bien o mal. Es muy difícil hacer un trabajo interno cuando nuestra salud no nos acompaña. Al principio, mi viaje en la Gran Tradición se centró en mi salud porque sufría de la enfermedad de Lyme, de la sensibilidad química múltiple, de disfunción eréctil y fatiga crónica. Detallo este viaje en el primer libro de esta serie, *Returning to Freedom: Breaking the Bonds of Chemical Sensitivities and Lyme Disease*.

El aspecto nutricional más importante para la salud es consumir tantos alimentos alcalinizantes como sea posible. Cuando el cuerpo está alcalino, uno se siente realmente bien; cuando está ácido, una persona se siente mal. Algunos alimentos tienen un efecto alcalinizante en el cuerpo, mientras que otros se acidifican. Familiarízate a fondo con la tabla de alimentos alcalinos y ácidos (disponible en línea). Un cuerpo alcalino es realmente un cuerpo sano.

Los alimentos más alcalinizantes del planeta son las verduras y frutas orgánicas crudas, sus jugos y el vinagre de manzana. Elegir alimentos orgánicos generalmente significa consumir alimentos que se cultivaron sin pesticidas. Las frutas y verduras crudas también son más saludables porque las enzimas, vitaminas y minerales que contienen no están adulteradas. Estos nutrientes vivos alimentan, sanan, desintoxican y alcalinizan el cuerpo. La enfermedad, como dice Dede, "no puede vivir en un cuerpo alcalino". Para rastrear tus niveles de acidez, compra esos tests que pueden medir tu pH mediante la orina, y hazlo durante todo el día. Los niveles de orina miden 0,8 más bajo en la escala de pH que la lectura en el papel de pH, por lo que debes agregar 0,8 a la medición. Una medición del pH de la orina de 7.2-7.4 es ideal para que la salud celular esté presente.

Si tienes problemas para mantener un nivel de orina alcalina, quizá podría ayudarte tomar un tónico hecho a base de: 1 cucharadita de bicarbonato de sodio, un vaso lleno de agua no contaminada y un poco de miel sin calentar. Ten en cuenta que los expertos desaconsejan consumir este brebaje más de una vez al día.

Me encantan los libros de alimentos crudos de la modelo y activista del crudismo, Carol Alt. Se convirtió en una experta en alimentos crudos después de curarse del cáncer con ellos (bajo la guía de un médico) y es verdaderamente conocedora del tema. Siempre trato de tomar un jugo de frutas y vegetales crudos como desayuno. Este es predominantemente un jugo verde hecho de apio, manzana, uvas y zanahoria. Las remolachas son muy buenas para jugo también. Aunque la col rizada es muy popular, su jugo – junto con otros ingredientes como el jengibre (en grandes cantidades) y el cilantro – puede ser particularmente fuerte, y podría ser mejor usar ingredientes predominantemente más suaves al principio o usarlos en cantidades más pequeñas. Si aún no tienes uno, invierte en un buen exprimidor centrífugo como los de Champion o Green Star, que no oxidarán los jugos.

Ten en cuenta cómo te sientes después de comenzar tu rutina de jugos. Los alimentos crudos pueden promover la desintoxicación, pero la mayoría de las personas simplemente se sienten mejor. Si experimentas los efectos negativos de cualquier desintoxicación, disminuye la frecuencia.

Al elegir qué alimentos comer, practica una alimentación consciente e intuitiva, lo que significa buscar esos alimentos saludables que anhelas. También puedes hacer esto con alimentos cocidos. La idea detrás de esto es que tu cuerpo sabe intuitivamente lo que necesita en términos del contenido nutricional de los alimentos que consumes. ¡Y siempre come hasta estar semisaciado! Comer en exceso sólo puede hacer que una persona se sienta muy mal, y especialmente en Estados Unidos los restaurantes tienden a servir porciones ridículamente grandes.

Las mejores grasas para comer y cocinar en grandes cantidades son la mantequilla orgánica (de vacas alimentadas con pasto), el aceite de coco y el aceite de oliva con más moderación. La mantequilla y el aceite de coco, como dice Dede, son vilipendiados por intereses económicos, pero han sido parte de una dieta saludable para personas de todo el mundo durante siglos. La indignación por el aceite de coco proviene del hecho de que es una grasa saturada. Sin embargo, la grasa saturada en el aceite de coco es un ácido graso de cadena media, no un ácido graso de cadena larga como los que se encuentran en la carne. El consumo de estas grasas saturadas de cadena media en realidad causa menos enfermedades del corazón. Podemos observar los países que consumen aceite de coco diariamente para demostrar esto, como las Islas del Pacífico, que tienen las tasas más bajas de enfermedades cardíacas en el mundo entre las personas que se adhieren a sus dietas tradicionales y no recurren a los alimentos occidentales procesados. El estudio de las islas Pukapuka y Tokelau es uno de los estudios de investigación más exhaustivos realizados en una población con una dieta alta en grasas proveniente principalmente de cocos. En el estudio, en comparación con los estándares occidentales, la salud general de ambos grupos era extremadamente buena. Las poblaciones tenían ratios de peso-estatura ideales: se utilizaron las cifras del índice de masa corporal, populares entre los nutricionistas. La aterosclerosis y la enfermedad cardíaca eran afecciones poco frecuentes en ambos grupos, y los Tokelauns obtenían el 60 por ciento de su energía de la grasa, y casi toda eso era grasa saturada derivada de los cocos. (Fife, 2013)

El aceite de coco también puede recorrer un largo camino hacia la estabilización del azúcar en la sangre. Tomé aceite de coco varias veces al día para curar mi hipoglucemia, y mi padre que sufría de hipoglucemia diagnosticada médicamente también. Puedes leer más sobre mi épico viaje de salud en mi libro *Returning to Freedom: Breaking the Bonds of Chemical Sensitivities and Lyme Disease*. Se ha demostrado que el aceite de coco tiene un efecto notable en el páncreas.

La mantequilla de leche de vaca alimentada con pasto es un súper alimento maravilloso, rico en ácidos grasos omega-3. Los omega-3 son ácidos grasos esenciales (EFA, grasas poliinsaturadas) que el cuerpo no puede sintetizar por sí solo, pero son necesarios para el metabolismo normal. Por lo tanto, deben provenir vía alimentaria. Hay tres tipos principales de grasas omega-3: ácido alfa-linoleico (ALA), ácido eicosapentaenoico (EPA) y ácido docosahexaenoico (DHA).

Los alimentos ricos en omega-3 incluyen peces silvestres y aceitosos como el bacalao, el salmón, la caballa, el krill, las anchoas, el pescado azul, el arenque, la trucha de lago, las sardinas, el esturión y el atún, así como las algas como E3, clorela, mantequilla de vaca alimentada con pasto, frutos secos como las nueces, granos como la linaza y su aceite, y aceites como la colza y la soja. (Hacha D., 2019)

Muchos médicos y nutricionistas ahora creen que un desequilibrio de omega-3 con omega-6 (que se encuentra en el maíz) y 9 (aceite de oliva) son responsables de la inflamación y algunas enfermedades cardíacas.

Superalimentos

En cuanto a qué alimentos comer (cocidos o crudos), hay un libro maravilloso escrito por el Dr. Stephen Pratt, MD, llamado *Superfoods Rx*. El libro enumera catorce superalimentos que son los más ricos en nutrientes que podemos consumir (ahora enumera veinticuatro alimentos en su sitio web). Su libro es realmente fascinante porque llega directamente a los fitonutrientes, vitaminas y minerales que se encuentran en los alimentos. Aprenderás por qué los flavonoides en las pieles de naranja que se encuentran en la mermelada son buenos para ti y cómo el salmón capturado en el medio silvestre es rico en omega-3. Recomiendo leer su libro e incorporar sus catorce superalimentos primarios a tu dieta: frijoles, arándanos, brócoli, pavo, yogur, salmón, nueces, avena, soja, naranjas, calabaza, espinacas, tomates y té.

Además de los alimentos del Dr. Pratt, también considero que el arroz blanco, el vino, el ñame, el kéfir, la linaza y la melaza (muy rica en hierro y potasio) son superalimentos. (Steven G. Pratt, 2006)

Superespecias

No olvidemos las superespecias. Países como México, Tailandia, Marruecos e India usan en su cocina especias como el chile, la cúrcuma y la cayena en grandes cantidades. Esto tiene muchos efectos verdaderamente sobresalientes en el cuerpo.

Me encanta la comida picante, especialmente la mexicana, en gran parte gracias al ají. Lo mismo ocurre con la comida tailandesa. Los chiles contienen capsaicina, que muchos creen que es antinflamatorio debido a su inhibición de la sustancia P (un neuropéptido). También aumenta la circulación, lo que a su vez alivia muchas enfermedades. Un poco de pimienta puede ayudar a mejorar la salud cardiovascular y de los senos paranasales, aliviar el dolor y aumentar la inmunidad. También es rico en vitamina A y betacaroteno, de ahí su color rojo intenso. (Ruggeri, 2019) Incorpóralo a tu cocina para agregar un sabor mexicano, o habla con tu médico de cabecera acerca de tomar un suplemento de cayena. A veces, si tengo dolor de garganta, el solo poner un poco de pimienta en un vaso de agua ayuda eliminarlo.

La cúrcuma es otra superespecia, defendida durante mucho tiempo en Oriente por su sabor. Los beneficios reales de la cúrcuma provienen de su curcumina antioxidante, que le da a la especia su color amarillo. Se ha demostrado que la curcumina reduce la inflamación, proporciona antioxidantes y beneficia la salud cerebral, cardíaca y metabólica. Desafortunadamente, la curcumina presente en la cúrcuma no es bien absorbida en el tracto gastrointestinal, por lo que tomar el extracto es una mejor manera de hacerlo. Mi tío, David Tate, normalizó su colesterol y se libró de la artritis con curcumina. Lo he tomado con muy buenos resultados, pero te aconsejo que comiences muy lentamente si decides tomarlo. Sería prudente hablar con tu médico de cabecera antes de comenzar cualquier nueva rutina de suplementos.

Fuente de la juventud

Todos estamos buscando la fuente de la juventud, un elixir eterno que nos ayude a vivir mucho tiempo. Solía vivir en San Agustín, la ciudad más antigua de América, fundada por Ponce de León en su búsqueda de la esquiva fuente de la juventud.

Era una leyenda, pero hay un lugar real donde la gente bebe de esa fuente: está ubicado en las montañas del Cáucaso, en el punto más meridional de la antigua Unión Soviética. Las personas de esta región son algunas de las personas más saludables del mundo, con algunos de los números más altos de centenarios. Esta área es fría y escarpada, repleta de nieve y pasos traicioneros. Entonces, ¿de qué fuente están bebiendo las personas del Caucus? Es realmente simple: kéfir.

El kéfir, una bebida de leche de vaca fermentada, se originó en esta región y los pueblos tribales lo consideraron un regalo de Dios, brindado por el profeta Muhammad. La gente lo bebía como sustento durante los largos viajes a través de las montañas. La palabra literalmente significa "sentirse bien". ¿Y por qué es eso? El kéfir contiene bacterias beneficiosas naturales (probióticos) que fortalecen nuestros cuerpos y tractos digestivos. El kéfir tiene una calidad efervescente como el *ginger ale* y combina bien con frutas y miel. Otras formas de bacterias buenas se encuentran en el yogur griego y los suplementos probióticos orales.

Vino tinto

Con moderación, el vino tinto es otro superalimento. Contiene resveratrol, polifenoles (antioxidantes que se encuentran en las pieles de uva) y oligoelementos. ¡Por no mencionar su riquísimo sabor! Además, el vino es un maravilloso pasatiempo intelectual y social: cada variedad y año tiene un sabor único en función de las uvas, el proceso, la región donde se cultivó y el clima durante la temporada de crecimiento. Creo que es una maravilla explorar estos diferentes aspectos del vino con amigos y familiares.

Sin embargo, el antioxidante resveratrol puede ser el verdadero secreto de los beneficios del vino tinto. Se están realizando muchas investigaciones basadas en estudios en ratones que sugieren que un poco de resveratrol diario puede proteger al corazón. Y se sabe que cantidades moderadas de alcohol pueden ayudar a elevar el colesterol bueno de una persona. Eso no quiere decir que debas beber una botella al día, siguiendo el dictamen estadounidense de que si un poco es bueno, mucho debe ser genial (por favor, todo con moderación); pero acaso explique la paradoja francesa: a pesar de una dieta rica en alimentos ricos en colesterol, su salud cardiovascular es mucho mejor que la de los estadounidenses.

Entonces, ¿por qué el vino tinto es bueno y no el blanco? Bueno, el secreto está en las cáscaras oscuras, que a menudo se sugiere que contienen más antioxidantes. También es rico en minerales.

Si no puedes beber alcohol, habla con tu médico acerca de tomar un suplemento de resveratrol diario. Ten en cuenta que algunas de las marcas de suplementos de resveratrol ofrecen dosis que pueden ser demasiado altas para ti.

Dede sugirió que la mejor dosis para la mayoría de las personas es alrededor de 25 mg al día.

Si nunca has probado vino tinto y estás interesado en comenzar, te daré un breve resumen. Hay tres uvas rojas primarias (en lo que respecta al barman estadounidense): Merlot, Cabernet Sauvignon y Pinot Noir. El vino de cada uva y viñedo tiene un sabor diferente en función de su suelo, geografía y clima. Encuentra uno que te guste. Ten en cuenta que caro no siempre es mejor: hay algunos muy buenos vinos a precios moderados en el mercado. Si te duele la cabeza, intenta comprar un vino sin sulfito.

Dieta óptima

A estas alturas, puede que te sientas abrumado y preguntándote qué dieta es "la mejor". Hay cientos de dietas, y elegir entre ellas puede ser bastante desconcertante. La dieta que Ali Dede me recomendó es la descrita en *La zona* por el Dr. Barry Sears, que dicta un equilibrio de proteínas, carbohidratos y grasas para mantener altos los niveles de la hormona eicosanoide. El doctor Sears ha dicho que *La zona* no es una dieta sino una forma de comer para obtener la respuesta hormonal correcta a partir de lo que comes. Uno realmente no puede consumir jugos de vegetales en *La zona*, así que no te preocupes por comer cada comida de esta manera: solamente trata de ingerir algunas de sus comidas en las proporciones recomendadas. Además, revisa *The China Study* por el Dr. T. Colin Campbell, que detalla el estudio nutricional más grande jamás realizado sobre una población. Campbell descubrió que cuando los chinos comían una dieta rica en frutas, verduras y granos, y escasa en lácteos y carne, había muchas menos incidencias de cáncer y enfermedades cardíacas.

No estoy abogando por una dieta vegetariana estricta, pero teniendo en cuenta el Estudio de China, es aconsejable comer menos carne y productos lácteos de lo que normalmente se encuentra en una dieta occidental. Dicho esto, de ninguna manera soy vegetariano: los platos de carne deliciosamente preparados son algunos de mis manjares favoritos. Sin embargo, también son acidificantes; y dado que un cuerpo alcalino es un cuerpo sano, siempre ten en cuenta tu alcalinidad al consumir carne. Mientras que en estos días las dietas paleo y Atkins están de moda como métodos para perder peso y mantenerse en forma, el Dr. Atkins murió obeso, con un peso de 258 libras, con hipertensión y antecedentes de ataques cardíacos e insuficiencia cardíaca congestiva.

Hidratación

Mantenerse hidratado es realmente otra de las claves para la buena salud. Lo mejor es beber el agua de manantial más pura que esté disponible en tu área. Al colocarla en una máquina Vitalizer Plus, que utiliza un imán en la parte inferior de la jarra, le dará una estructura molecular hexagonal o cristalina. El agua pierde su estructura debido a los contaminantes y porque viaja en línea recta a través de tuberías. Los lagos glaciares de altitud y ciertos manantiales tienen esta estructura cristalina. (Flanagan, 2016) Además, puedes colocar una cápsula de hidrógeno como PrimoH2 en una jarra de agua hexagonal para darle al agua más hidrógeno molecular. Casi toda el agua actual es deficiente en hidrógeno, el antioxidante más poderoso del mundo. El manantial y el agua alcalina están esencialmente muertos. El agua viva es hexagonal y rica en hidrógeno.

La cafeína y el fumar

Muchas personas beben café diariamente, y la mayoría quiere saber si es saludable o no. Las tiendas Starbucks en todo Estados Unidos están repletas a cualquier hora del día. El café es un gran negocio en todo el mundo. Sin embargo, también es una de las bebidas más ácidas que puedes consumir; pero si eliges beberlo frío, que es mucho menos ácido ya que el agua caliente provoca la liberación de aceites que están llenos de compuestos ácidos. Siempre ten en cuenta tu nivel de alcalinidad cuando lo estés bebiendo.

Si tienes una mente hiperactiva, es posible que desees reducir la cafeína por completo o tomar té verde, que contiene aproximadamente 30 por ciento de polifenoles en peso y es alcalinizante. El café siempre ha sido veneno para mí porque tengo una mente que naturalmente es muy activa, y demasiada cafeína me puede poner muy ansioso. Beber demasiado café me hizo moverme hiperactivamente cuando era más joven y casi arruinó mi vida. Cuando conduzco mi casa rodante durante más de siete horas en el día, bebo té verde. En esos momentos, la cafeína es muy útil para la concentración. Solía pensar que tenía que consumirla para leer y escribir, pero en estos días descubro que estoy mucho más enfocado y centrado en esas tareas sin ella.

Es mejor dejar de fumar por completo, especialmente en nuestro mundo moderno donde tantos contaminantes ya están trabajando en contra nuestra en muchos casos. Tu salud te lo agradecerá.

7

NUTRIENTES ÓPTIMOS

Mi abuelo paterno, Irwin, era un apasionado de la nutrición. Culturista en su tiempo libre, comenzó a tomar suplementos en la década del 60 antes de que fuesen populares. Solía leer la revista *Life Extension* y siempre estaba al tanto de las últimas investigaciones de vanguardia sobre nutrición y salud. Cuando fui a su casa en Palm Beach, Florida, en el año 2000, los tres gabinetes de cocina estaban llenos de suplementos: había probablemente alrededor de cincuenta. Mi abuelo tenía una salud increíble para su edad, pero a veces tomaba demasiados nutrientes porque pensaba que si uno era bueno, doce serían mejores.

Tenle respeto a los suplementos nutricionales. Son poderosos. Recomiendo comenzar muy lentamente con cualquier nutriente nuevo. Al cuerpo le lleva tiempo adaptarse a las nuevas vitaminas y minerales, alimentos y medicamentos. Si comienzas lentamente y aumentas de las dosis de a poco – si es necesario y siempre en sintonía con la respuesta de tu cuerpo – entonces este te lo agradecerá. Si comienzas con una dosis completa, puedes afectar su sistema y enfermarte. Además, demasiados suplementos pueden causar acidez. Si nunca has tomado nutrientes, habla con tu médico o con algún experto en kinesiología aplicada para agregar uno a la vez. Prioriza los efectos deseados según tus condiciones. Esto no significa que no puedas tomar seis nutrientes, sólo ten en cuenta lo que estás consumiendo, para qué sirven y cómo reacciona tu cuerpo. Siempre procede con mucho cuidado y nunca fuerces nada. Los cuerpos de las personas son diferentes; el hecho de que a alguien más le vaya bien con un suplemento en particular no significa que sea necesariamente adecuado para ti.

Los primeros tres suplementos que quiero presentar para uso diario no son suplementos en absoluto, sino super-alimentos.

Clorela

Sun Chlorella es un superalimento rico en nutrientes y un potente desintoxicante de toxinas y metales pesados, lo que lo hace realmente único. Se sabe que es una muy buena fuente de vitamina A (betacaroteno), clorofila, omega-3 y omega-6 y minerales, por nombrar algunos.

Probióticos

Tomo un probiótico diario. Algo ya mencionado en la sección sobre kéfir. Básicamente, puede haber bacterias buenas y malas en el tracto digestivo. Las bacterias buenas son muy saludables porque ayudan a descomponer nuestros alimentos. Hay literalmente miles de millones de estos ayudantes microscópicos en nuestros estómagos. Sin embargo, debido al exceso de antibióticos y cloro en nuestra agua potable, los probióticos deben reponerse todos los días. Las bacterias malas deben evitarse a toda costa.

Fitoplancton marino

Mi tercer suplemento diario de superalimento es el fito-plancton marino. La marca que creo que es la mejor es *Ocean's Alive*. Cada gota de este nutriente contiene 5 mil millones de células de energía idénticas. Repleto de nutrientes fito-nano que consisten en Nannochloropsis gaditana, Nannochloropsis galasemis y oligoelementos minerales concentrados purificados, este alimento es real-mente único.

Magnesio

En mi opinión, el nutriente más importante que no se encuentra en los alimentos en cantidades significativas es el magnesio. La deficiencia de magnesio puede causar dolores musculares o espasmos, ansiedad, hipertensión, enfer-medad cardiovascular, mala digestión y problemas para dormir. Este importante mineral está involucrado en más de 300 funciones bioquímicas en el cuerpo, como la regulación de los ritmos de los latidos cardíacos y ayudar a las funciones neurotransmisoras.

El magnesio se conoce como el "mineral calmante", y las personas a menudo notan que se sienten más relajadas después de consumirlo. A menos que estés comiendo mucha espinaca, acelga, semillas de calabaza y frijoles, es probable que no obtengas este importante mineral. (Levy J. , *Magnesium Benefits, Dosage, Recommendation and Best Types,*

2019) Al igual que la vitamina C, se agota todos los días y debe reponerse. Actualmente, los suelos en que se cultivan nuestros productos son muy deficientes en minerales como el magnesio, y la suplementación actúa como correctivo.

CoQ10

Otro nutriente importante que no está disponible en nuestros alimentos es la coenzima 10 o CoQ10. Producido por el cuerpo y utilizado para las funciones cotidianas, incluida la energía celular, es un antioxidante liposoluble que transporta electrones por todo el cuerpo y protege contra el estrés oxidativo perjudicial. Algunos de sus beneficios incluyen: aumento de los niveles de energía, defensa contra los radicales libres (moléculas altamente reactivas con un electrón "extraño" en la órbita externa, que crea un desequilibrio que convierte estas moléculas fragmentadas en agentes bioquímicos inestables), una reducción en los signos de envejecimiento y apoyo para un sistema cardiovascular saludable. (Levy J. , *What Is CoQ10? 8 Benefits for Energy, Aging, and Brain and Heart Health*, 2019)

Cualquier persona que tome medicamentos para el colesterol debe hablar con su médico de confianza acerca de agregar CoQ10 a su dieta, porque el medicamento para el colesterol detiene la producción de CoQ10 en el cuerpo.

Vitamina C

La vitamina C es una vitamina soluble en agua que actúa como un poderoso antioxidante. Se encuentra en ciertas frutas y verduras como las naranjas, las cerezas (acerola), los pimientos, las papayas, las toronjas y los kiwis, por nombrar algunos; muchos afirman que aumenta la inmunidad y ayuda a combatir los radicales libres, que pueden dañar las células. En el 1700, el escorbuto era una de las principales causas de muerte entre los marineros británicos y se curaba con una ingesta de jugo de limón (se determinó que la causa era una deficiencia de vitamina C). La vitamina C también es un ingrediente común en los productos para el cuidado de la piel, porque participa en la síntesis de colágeno. Cuando sufres un trastorno autoinmune o el resfriado común, puedes considerar suplementar con 1,000 mg diarios para aumentar la inmunidad. (Link, *Vitamin C Benefits the Immune System — and So Much More*, 2019)

Vitamina A

La vitamina A es una vitamina liposoluble vinculada a una vista saludable y al buen funcionamiento del sistema inmunitario y los órganos. Muchos expertos ahora creen que puede ser aún más importante para la función inmunológica del cuerpo que la vitamina C. La mejor fuente de alimentos es el aceite de hígado de bacalao: ¡solo una cucharadita contiene el 90 por ciento de la ingesta diaria recomendada! Sin mencionar que también es una gran fuente de vitamina D y omega-3.

Vitamina B17

La tribu Hunza del norte de Pakistán come cincuenta semillas de albaricoque amargo cocido al día, que contienen altos niveles de vitamina B17, y esta tribu nunca se enferma de cáncer. Muchas personas creen que el cáncer es una deficiencia de vitamina B17 y que los estudios sobre las drogas médicas diseñadas a partir de la vitamina B17, Laetrile, fueron falsificados deliberadamente durante la década del

70 en el Sloan Kettering Cancer Center en Nueva York, según el abogado Ralph Moss, Subdirector de Asuntos Públicos en aquel entonces. (Griffin, 1974)

Yodo

El yodo es otro nutriente vital y deficiente en muchas personas debido a los bajos niveles en nuestros alimentos. A menos que vivas en Japón y comas kelp o dulse todos los días, probablemente no estés ingiriendo cantidades importantes de este nutriente. El yodo es necesario para que la glándula tiroides funcione correctamente. Es especialmente importante en el mundo de hoy donde consumimos mucha agua potable clorada. El cloro, un mineral traza halógeno, también se almacena en la tiroides en lugar del yodo porque ambos son halógenos (el cuerpo no distingue entre ellos). Si nadas mucho, es especialmente importante que tomes este nutriente (Cousens, s. f.). Me gusta el suplemento *Iodoral* de Optimox, que tomo todos los días.

Resveratrol

Un nutriente que considero muy interesante y excitante es el resveratrol, que ya discutimos brevemente como un polifenol que se encuentra en el vino tinto. Se ha demostrado en estudios de laboratorio que promueve la longevidad en cultivos celulares y animales. Reduce el estrés oxidativo e incluso ayuda con la supresión del cáncer. (Ax D. J., 2017) La dosis correcta está en el rango inferior, alrededor de 25 mg al día.

Oxígeno

Si has luchado contra alguna enfermedad cuyos efectos aún te persiguen, puedes hablar con tu médico acerca de un suplemento de oxígeno diario como Cellfood. Puedes leer todo sobre mi viaje con oxígeno en mi libro *Returning to Freedom: Breaking the Bonds of Chemical Sensitivities and Lyme Disease*. El oxígeno es el elemento más vital para nuestra salud y energía. Tomé Cellfood, respiré de una máquina llamada Aranizer, que produce eléctricamente moléculas de oxígeno O_4 a O_{10} (ahora con el nombre de Pure Air for Life) y bebí agua aranizada para curarme de la candidiasis y la sensibilidad química múltiple. Otro beneficio de la suplementación con oxígeno es que este es aeróbico, y muchas bacterias y levaduras son anaeróbicas: lo que significa que no pueden sobrevivir en un ambiente altamente oxigenado. Un pequeño aumento de oxígeno todos los días podría ayudar a mantener fuerte tu sistema inmunológico.

Cellfood fue desarrollado por Everett Storey, un científico involucrado en el desarrollo del mecanismo de activación que permitió la bomba de hidrógeno, y un hombre al que Albert Einstein llamó "un genio". Storey y sus colegas sufrieron intoxicación por radiación después de años de trabajar en el Proyecto Manhattan. El Proyecto Manhattan creó las primeras armas nucleares durante la Segunda Guerra Mundial a través de la investigación y el desarrollo.

Storey decidió que iba a usar su genio para curarse, y así creó Cellfood, un suplemento de oxígeno disuelto que contiene 34 enzimas, 17 aminoácidos y 78 minerales para un total de 129 nutrientes. Después de tomar esta sustancia regularmente, se curó y volvió a vivir una vida saludable. (*Everett Storey: Turning the Harmful into Something that Saves Lives*, 2016)

Tomé Cellfood todos los días siguiendo las instrucciones de Ali Dede como parte de mi terapia para superar la candidiasis crónica, la enfermedad de Lyme y las sensibilidades químicas.

Insecticida natural

La plata coloidal es nanopartículas de plata suspendidas en agua, hechas a través de un proceso de electrólisis. Está ampliamente disponible en la mayoría de las tiendas naturistas de todo Estados Unidos para su consumo. Incluso la Organización Mundial de la Salud (OMS) utiliza plata y plata coloidal en la filtración de agua en los países en desarrollo, ya que los investigadores han encontrado que la plata es dañina para muchas bacterias malas, a la vez que es uno de los metales menos dañinos para los humanos cuando está presente como nanopartículas.

Toxicidad en metales

No hace mucho tiempo un dentista en Wellington, Florida, que se especializa en odontología cosmética y extracción de amalgama, me extrajo los empastes de amalgama. Los empastes de amalgama no solo no son atractivos sino que, con las nuevas tecnologías a base de resinas compuestas, simplemente ya no son prácticos. Después de quitarlos, tomé una mezcla de cilantro y clorela en forma de extracto vendido como Metal Magic por Baseline Nutritionals (fundada por el experto en nutrición Jon Barron). Se realizó un estudio clínico de Metal Magic en el *Optimal Wellness Test Research Center* en Nevada, y los resultados de la prueba de 42 días mostraron una quelación del 87 por ciento de plomo, 91 por ciento de mercurio y 74 por ciento de quelación de aluminio. (El estudio clínico revela primero la fórmula natural efectiva para eliminar metales pesados, 2005) Muchos creen que el aluminio puede causar efectos inusuales en el cuerpo, y los utensilios de cocina de aluminio también deben eliminarse. Si sospechas que puedes tener un problema de toxicidad de metales, haz un análisis de tus niveles mediante una prueba capilar.

8

PULSO CUÁNTICO

C uando estaba muy enfermo, una máquina – la Vibe – me ayudó enormemente. Mi familia poseía dos de estos dispositivos, uno para mí y otro para mis padres. Desarrollado por Gene Koonce, dueño de una tienda de reparación electrónica de Colorado y ex técnico de misiles del ejército que trabajaba en inventos durante su tiempo libre, la máquina Vibe (ahora conocida como Quantum Pulse) es un avance triunfante en el campo de la medicina energética. La máquina utiliza tubos de espectro que contienen gases nobles (que se encuentran entre el rango de espectro infrarrojo y ultravioleta) y un oscilador de ondas múltiples, la combinación que produce luz biofotónica en un campo electromagnético dentro de un radio de dos a cuatro metros alrededor de la máquina. (El dispositivo y el inventor, s. f.)

La primera vez que Dede me recomendó probar la máquina Vibe, estaba con mi madre, Charme Tate, en Half Moon Bay, California (justo al sur de San Francisco), visitando la casa de un quiropráctico con vista al océano. Half Moon Bay es una ciudad verdaderamente pintoresca que se extiende a lo largo del Pacífico. Hogar de una de las olas más grandes y brutales, Maverick, que a los surfistas les encanta, es una ciudad moderna con un ambiente verdaderamente californiano donde la gente todavía monta caballos en la playa. Esta humilde mujer de mediana edad que era dueña de la máquina vibradora, la Dr. Joe, de Clarksdale, Mississippi, tenía los ojos azules más claros que había visto (aparte de los del gurú de la comida cruda, Aajonus Vonderplanitz), surfeaba todos los días y tenía un brillo radiante en su piel. Ella nos informó que usaba la máquina diariamente durante diez minutos al día. Nos sentamos cerca de ella en una habitación oscura durante tres minutos, mientras la máquina hacía un ruido fuerte y los tubos de vidrio se encendían mientras los diversos gases fluían a través de ellos. El efecto físico fue inmediato: la sensación de aumento de energía corporal, paz y calma.

9

EJERCICIO

Los expertos coinciden en que es esencial hacer un mínimo de quince minutos de ejercicio cardiovascular todos los días. El entrenamiento de fuerza, con máquinas o pesas libres, también es muy bueno para el cuerpo. Muchas personas ahora están enganchadas con el CrossFit, una forma de entrenamiento de pesas y cardio de alta intensidad. Creo que eso es realmente maravilloso. Si no te gusta hacer ejercicio con pesas, puedes elegir una actividad como nadar. Pero haz ejercicio, siempre y cuando abordes tus objetivos de acondicionamiento físico desde un lugar de bienestar mental... tener un físico muscular se ve y se siente mejor.

Qi-Gong

Los movimientos de energía como el qi-gong chino también son muy beneficiosos. Qi-gong es especialmente popular en California debido a su proximidad a Asia. Recuerdo que cuando vivía en Santa Mónica (Los Ángeles), grupos de personas realizaban qi-gong bajo el sol californiano a lo largo del Parque Palisades por las mañanas.

Los chinos creen que el qi, o fuerza vital, circula por todo el cuerpo y puede bloquearse en ciertos puntos debido a muchos factores; Tales bloqueos pueden causar enfermedades. Realizar ciertos movimientos como los del qi-gong, o al menos según insiste la tradición, mantiene la energía fluyendo adecuadamente. Mi forma favorita de qi-gong es la que Ali Dede me recetó para que la estudie: Spring Forest qi-gong. El creador de Spring Forest, el Maestro Lin, se entrenó con maestros de qi-gong durante años en China. La Clínica Mayo descubrió mediante estudios que Spring Forest puede aliviar el dolor crónico. También recomiendo realizar *pa tuan chin* todos los días. Puedes aprender y realizar el movimiento *pa tuan chin* qi-gong para la salud en mi canal de YouTube.

Otras formas de ejercicio

Si estás interesado en trabajar tus abdominales, puede probar el paddle surf, un ejercicio verdaderamente divertido y fortalecedor. Me gustan los ejercicios entretenidos y atractivos, como esquiar o surfear. Sin embargo, estos deportes pueden ser peligrosos y difíciles, así que al principio practícalos en compañía de un profesional capacitado y nunca salgas solo. Practico la pesca en kayak por dos razones: me divierte muchísimo y además es un entrenamiento increíble.

También creo que las artes marciales, especialmente el aikido (traducido del japonés como "el camino del espíritu armonioso") son muy útiles para desarrollarse físicamente y al mismo tiempo fortalecer la mente y el espíritu. Dede es un maestro del aikido, técnica que hace hincapié en el defensderse mediante el uso de la energía de un oponente contra ellos mismos pero sin infligir lesiones. El aikido fue desarrollado por el japonés Osensei ("Gran Maestro") Morihea Ueshiba (1883-1969) para unificar su práctica de artes marciales, creencias religiosas y filosofía. Ueshiba escribió un maravilloso libro titulado *El arte de la paz*, que he incluido en la lectura recomendada. Se puede comprar en el sitio web del Instituto Alef, que se encuentra en la sección de Recursos de este libro.

Superproteína

Si eres un levantador de pesas que está teniendo problemas para progresar, en lugar de agotarte en el gimnasio puedes investigar la "superproteína" de la leche cruda de vacas alimentadas con pasto. Utilicé este tipo de leche cruda durante años cuando levantaba para aumentar mi progreso y maximizar mi press de banca a 111 kilos, un gran cambio con respecto al flaco estudiante de primer año que yo era durante el año 2004, cuando apenas podía levantar 65 kg. Mi buen amigo, el gurú de la alimentación crudista Aajonus Vonderplanitz (1947-2013), me dijo que solía ir al Gold's Gym de Venice Beach cuando Arnold Schwarzenegger trabajaba allí en sus épocas de culturista profesional, y todos sabían que Schwarzenegger bebía leche cruda porque era superior para desarrollar masa muscular. El exgobernador de California incluso declaró que creció comiendo batidos de huevo crudo mientras levantaba pesas cuando era más joven porque no siempre tenía mucho dinero para comer. En la sección final de su Enciclopedia de culturismo, el exgobernador también recomienda un batido de huevo crudo y mantequilla de maní para obtener grandes ganancias en masa muscular. Los huevos crudos, como la leche cruda, ayudan a desarrollar músculo rápidamente.

No discutiré los beneficios o los peligros de comer huevos crudos, pero te dejaré hacer tu propia investigación al respecto. Diré que si alguna vez comiste una ensalada César, probablemente hayas comido huevo crudo. Cuando estaba en Japón, podía pedir huevos de sashimi en la mayoría de los restaurantes, cuando colocan un huevo crudo en tu plato y lo rompes sobre tu tazón en la mesa. Japón tiene una de las tasas más bajas de cáncer en el mundo, mientras que Estados Unidos tiene una de las tasas más altas, al menos a partir del año 2018, según el Instituto Americano de Investigación del Cáncer (que ocupa el quinto lugar en el mundo). Debes saber que, durante décadas, los culturistas y atletas han comido huevos crudos diariamente para aumentar y preservar musculatura.

"La higiene es casi divina", como dice el dicho. En mi opinión, la higiene y la limpieza de las granjas, cocinas y preparación de alimentos es uno de los factores más importantes en la transmisión de enfermedades. Los japoneses, debido a su énfasis en la higiene, mantienen algunas de las cocinas más limpias del mundo. Las personas deben protegerse asegurando que sus fuentes de alimentos mantengan la higiene desde la granja hasta la mesa.

El 21 de noviembre de 1976 se estrenó la película *Rocky*, y todo el mundo pudo ver a Sylvester Stallone romper un montón de huevos en un vaso y beberlos directamente. En el programa de televisión de Hulk Hogan, luchador de la WWE, *Hogan Knows Best*, ocasionalmente también comía un huevo crudo en cámara. Y más recientemente, el personaje interpretado por The Rock en la película *Hobbs and Shaw* come huevos crudos y mastica café molido como desayuno.

Hay mucha controversia en torno a la leche cruda, pero creo que es perfectamente segura y saludable si proviene de una fuente orgánica alimentada con pasto y se consume poco después de su producción. Ahora también es legal en doce estados. Las leyes de pasteurización de la década de 1930 se aprobaron como respuesta a la leche cruda que provenía de las denominadas granjas lecheras de "leche de residuos" que mantenían a sus vacas en condiciones horribles y las alimentaban con el subproducto de puré de los residuos de las destilerías que hacían licor.. Estas vacas eran muy poco saludables, e incluso la leche pasteurizada que producían era de color azulado. (Schmid, 2009)

Estudios realizados en el año 1938 por las industrias farmacéutica y cosmética, encontraron que la leche cruda no apoyaba el crecimiento de muchos patógenos, mientras que el calentamiento de la leche promovía el crecimiento de bacterias dañinas al inactivar las inhibinas. A menudo se culpa a la leche cruda como la culpable de la Listeria monocytogenes; sin embargo, un informe de la FDA / USDA realizado en el año 2003 encontró que la leche pasteurizada tenía 29 veces más casos de L-mono que la leche cruda. (Resumen interpretativo - Evaluación de riesgos de Listeria Monocytogenes, 2003) Se ha comprobado que la carne de charcutería causa más enfermedades transmitidas por los alimentos, pero la FDA no afirma que la carne de charcutería sea insegura; sin embargo, afirma que "la leche cruda es inherentemente peligrosa y no debería ser consumida."

¿Por qué? Es algo sobre lo que debemos reflexionar profundamente. Existe un prejuicio inherente contra un producto alimenticio simple que las personas han consumido de manera segura desde el principio de los tiempos, y sospecho que hay intereses financieros en juego. Un factor clave es que la pasteurización prolonga la vida útil... lo cual es una ventaja para las empresas que la venden.

PRODUCTOS PERSONALES

Si te interesa tu salud, un paso importante para aprender a vivir es prestarles atención a tus productos de higiene corporal. Personalmente compro mi champú, acondicionador y pasta de dientes en la cadena de supermercados Whole Foods. Busco champús naturales con aceite de jojoba y pastas dentales sin fluoruro como Jason Power Smile. No es para presumir, pero personalmente tengo dientes muy blancos y creo que las pastas de dientes orgánicas son blanqueadores superiores. También hay muchos jabones hechos a mano que son mejores opciones para lavar tu cuerpo que los nocivos productos químicos.

Aromaterapia

Al seleccionar perfumes y colonias, es importante comprender la aromaterapia, el antiguo arte de extraer las esencias de plantas y flores para elevar el espíritu y aliviar algunas dolencias.

La industria de las colonias y los perfumes está inspirada en esta teoría, incluso si el conocimiento se ha perdido a favor de los olores agradables. De todos modos, ciertos aromas nos hacen sentir bien. Quizás esa fragancia en particular traiga de regreso un maravilloso recuerdo asociado con él. Tal vez un ser querido usó cierto perfume y olerlo activa tu memoria, o la fragancia tiene algún otro tipo de efecto especial en ti. Encuentra ese aroma y úsalo.

Los perfumes y las colonias son una excelente manera de experimentar una elevación emocional diaria. Prueba y usa diferentes fragancias para sentir en formas diversas. Muchas personas no toleran bien las colonias y los perfumes convencionales debido a los elementos tóxicos que contienen; tales individuos a menudo funcionan bien con aceites esenciales. Después de experimentar con algunos aromas diferentes, podrás notar que te sientes atraído hacia algunos en particular cuando experimentas una emoción. Por ejemplo, si estás nervioso, la lavanda puede relajarte; si estás deprimido, el aceite de rosa puede traerte alegría.

Muchos ambientadores modernos están llenos de productos químicos tóxicos como el formaldehído; evita estos y las velas perfumadas artificialmente. Yo en mi hogar sólo uso los mejores aceites esenciales, sirviéndome de un difusor electrónico. Dede me prescribió que use aceite de rosa búlgaro de un distribuidor en línea de buena reputación. En Aura Cacia compro mi incienso, mirra, lavanda y sándalo de Scents of the Earth, y también mi manzanilla y eucalipto.

Con respecto al maquillaje de las mujeres, Whole Foods ofrece muchas buenas alternativas al maquillaje regular que puede contener productos químicos tóxicos. Afortunadamente, parece que la industria finalmente se está poniendo al día ya que están comenzando a usar ingredientes naturales y más saludables.

11

VIVIENDA SALUDABLE

Deshacerse de los limpiadores químicos agresivos en favor de las alternativas naturales puede contribuir en gran medida a reducir tu exposición a los químicos tóxicos, que no son naturales para el cuerpo. Compro mi ropa y detergentes para lavar platos de una compañía llamada Seventh Generation. Limpio mi cocina con un desengrasante ecológico llamado Bio-Kleen, que diluyo y uso en mis superficies y en los pisos. Seventh Generation también fabrica un desengrasante. Todavía uso lejía para ir al baño y para limpiar mi ropa blanca (pero no siempre).

A menos que vivas en los Alpes franceses o tengas agua de pozo, quizá te convenga filtrar el agua que ingresa a tu hogar. Hará que tus baños se sientan como una fuente termal. Algunos municipios agregan cloro al suministro de agua, que luego no filtran. Además, muchos químicos oscuros e incluso residuos de drogas entran al agua del grifo porque las instalaciones donde se producen no filtran sus aguas residuales.

Un buen sistema de filtración eliminará la mayoría de

estos productos químicos agresivos. En Estados Unidos hay muchos de estos sistemas en el mercado. Culligan y Pelican son dos grandes nombres: sus sistemas son muy agradables y la mayoría de las áreas cuentan con técnicos para la instalación y los cambios de filtro. Asegúrate de que el sistema que compres tenga un filtro de carbón.

Si tienes una piscina o un hidromasaje, sugiero hacer la migración a un generador de cloro de agua salada. A todos nos encanta nadar, pero estoy seguro de que conoces esa sensación de salir de una piscina clorada: tu cabello se siente un poco frágil y más ligero, y hueles como una planta química. Con un generador de cloro de agua, el agua salada pasa sobre las células generadoras de cloro y produce ácido hipocloroso, que es lo mismo que produce el cloro químico cuando se agrega al agua. Luego, se agrega una cantidad leve de agua salada al agua (mucho menos que el océano) para darle a su piel una sensación de suavidad.

Si deseas limpiar el aire de tu casa, también puedes considerar algunos filtros de aire. Hace muchos años solía tener terribles sensibilidades a los químicos, que detallo en mi libro *Returning to Freedom: Breaking the Bonds of Chemical Sensitivities and Lyme Disease*. En aquel entonces, tres máquinas me salvaron la vida. La primera fue la IQ Air Health Pro Plus. Hizo lo que otros filtros de aire HEPA no pudieron. Lo que hace único al IQ Air de fabricación sueca es su filtración Hyper HEPA, que filtra partículas cien veces más pequeñas que la filtración HEPA normal y diez veces más pequeñas que el virus promedio. Además, permite instalar un filtro de olor y humo que atrapará incluso los peores gases.

La segunda máquina era un generador de oxígeno poliatómico verdaderamente excepcional llamado Aranizer, que ahora se llama Pure Air for Life. Produce electrónicamente una gama completa de moléculas de oxígeno desde O4 hasta O10, que se adhieren a las toxinas en la habitación de tu hogar. La tercera máquina es un generador de iones negativos llamado Elanra. Como sabrán, la contaminación del aire en interiores y exteriores crea iones positivos, que pueden afectar negativamente nuestra salud. Los iones negativos, por otro lado, que se encuentran abundantemente cerca de los océanos, los árboles y las montañas, son beneficiosos para la salud humana, pero el viento elimina estos iones negativos. Seguramente hayas escuchado acerca de esto debido a los vientos de Santa Ana en Los Ángeles que contaminan el aire con iones positivos. Instalar una Elanra en tu hogar puede garantizar que tengas una calidad de aire interior óptima. También tienen una unidad portátil que me gusta mucho y que a menudo llevo conmigo en mi automóvil.

Si además estás interesado en mejorar la calidad del aire interior (IAQ), también podrías invertir en algunas plantas de interior. La NASA realizó un estudio de aire limpio que probó cuáles plantas eran las mejores para absorber los contaminantes del aire interior, como los compuestos orgánicos volátiles (COV), el benceno, el formaldehído y el tricloroetileno (todos los cuales se encuentran en pinturas, adhesivos y alfombras). La mayoría de las plantas en la lista habían evolucionado en ambientes subtropicales y tropicales, y podían fotosintetizar bien la luz. Se descubrió que algunas de las siguientes plantas son los principales depuradores de aire: palma de bambú, *Aglaonema*, hiedra inglesa, gerbera, *Dracaena* Janet Craig, *Dracaena fragrans* "Massangeana", lirio de la paz, crisantemos y *Sansevieria trifasciata*. (Estudio de NASA *Clean Air*, s. f.)

Si bien el estudio de la NASA recomendó tener de quince a dieciocho plantas cada 167 metros cuadrados para

lograr la máxima efectividad en el filtrado del aire, creo que
son demasiadas para la mayoría de las personas. Simplemente compra algunas de sus favoritas y colócalas alrededor. Yo a las mías les pongo nombres y les hablo. Mi Jim
perdió una hoja esta semana, y Susan pasó más tiempo en la
esquina. Los estudios han demostrado que cantarle a tus
plantas de interior puede hacerlas más felices y que crezcan
mejor (me gusta Marvin Gaye). Nota: algunas plantas son
tóxicas para las mascotas, ¡así que ten cuidado e investiga!

Para las renovaciones del hogar y la construcción en
general, es importante tener en cuenta los productos
químicos tóxicos presentes en los proveedores que elijas.
Muchos productos de construcción residencial liberan
sustancias químicas tóxicas mucho después de su instalación, lo que a menudo se denomina síndrome del edificio
enfermo. Siempre uso una pintura sin VOC de Benjamin
Moore. Para el piso, personalmente me gusta la madera, la
pizarra o las baldosas, y luego agregar alfombras de lana
natural, yute o sisal en lugar de alfombras de nylon. Pero si
ya tienes una alfombra, no te preocupes: sólo asegúrate de
aspirarla con frecuencia. Si estás instalando pisos para
luego darle una terminación con algo, asegúrate de usar
alternativas sin o con bajo contenido de VOC. Hoy en día,
incluso hacen calafateo que no emite gases, así que no hay
excusas para no ser cuidadosos con la salud. Estos
productos también son mejores para el medio ambiente.

FINANZAS

E l diccionario de la Real academia española define la palabra "abundancia" como "Prosperidad, riqueza o bienestar".

Pienso mucho en esta palabra y en cómo se vincula con el dinero. Creo que debido a nuestra educación y sociedad– incluido yo mismo –, tenemos cierta confusión acerca del dinero. De alguna manera, sabemos en nuestros corazones que la riqueza se puede vincular a una mejor vida y, en algunos casos, a una experiencia filantrópica más enrique- cida espiritualmente... pero no entendemos por qué. Muchas personas ricas han sido condicionadas a sentirse culpables por lo mucho que tienen. Pueden disfrutar conduciendo su lindo automóvil por la ciudad, pero se sienten horrible cuando pasan junto a una persona sin hogar que pide dinero.

Hay un famoso versículo bíblico que todos hemos escu- chado, que se encuentra en Timoteo 6:10: "porque la raíz de todos los males es el amor al dinero, el cual algunos, por codiciarlo, se extraviaron de la fe y acabaron por experi- mentar muchos dolores".

Es importante tener en cuenta que el versículo dice que el amor al dinero es la raíz de todo mal, no el dinero mismo. El dinero es simplemente un potencial cinético. La avaricia es la raíz de todo mal porque hace que las personas acaparen, engañen y retengan la riqueza de los necesitados. Este punto ha sido aclarado y popularizado por el gurú de la riqueza T. Harv Eker y maestro de *El secreto*, Joe Vitale.

Desde que Ali Dede me recetó que leyera el libro de T. Harv Eker *Los secretos de la mente millonaria*, he creído que el dinero está más cerca de la raíz de todo el bien en este mundo. La mayoría de las cosas buenas cuestan dinero. Eker señala que las organizaciones benéficas sin dinero rara vez hacen algo en absoluto.

Llámame optimista o idealista, pero creo que todos estamos destinados a vivir vidas abundantes y que habría más que suficiente si nos centramos en atraer más riqueza a nuestras vidas junto con ayudar a otros. Necesitamos unirnos para lo que es bueno y creer en el potencial ilimitado del universo para llevarnos hacia adelante. Ahora, conozco personas que no son ricas y que, sin embargo, viven vidas abundantes porque saben cómo vivir bien. Todavía siento que podrían ampliar eso. Sé que las personas en ciertas líneas de trabajo, especialmente gubernamentales, a menudo se sienten confinadas porque aman su trabajo pero deben aceptar un determinado salario. Francamente, creo que los bomberos y la policía deberían ganar fortunas por arriesgar sus vidas todos los días. Hasta que llegue ese día, creo que todos podemos centrarnos en formas alternativas de generar ingresos en nuestro tiempo libre. Si eres un personal trainer, puedes hacer una página web y un canal de YouTube que enseñe a las personas ejercicios y los beneficios de ciertas dietas, y además escribir un libro sobre ello.

La abundancia es nuestro derecho de nacimiento, y

debemos esforzarnos por tener todos los lujos que queremos en la vida. Puede parecer difícil de hacer, pero no tiene nada de malo lucir un buen traje si tienes los medios. Sí, hay otros necesitados en el mundo y deberíamos ayudarlos con lo que tenemos, pero también es su deber hacer cambios en sus vidas para hacerse más ricos *si disponen de las circunstancias correctas para hacerlo*. Todos deberíamos aliviar el sufrimiento de aquellos que en todo el mundo se encuentran sumidos en circunstancias muy complicadas, y elevarlos para que puedan estar en condiciones de tener la mejor vida posible.

El mejor plan financiero

El mejor modelo económico, según Ali Dede, es el de Robert Kiyosaki, probado por su propio éxito. Kiyosaki es el autor más vendido de *Padre rico padre pobre* y muchos éxitos financieros posteriores. Su modelo económico provino de las observaciones que hizo durante su niñez de su "padre rico" (el adinerado padre de un amigo) y el "padre pobre" (su padre biológico). Cuando llegó al mundo real, siguió los consejos de su padre rico y estudió la vida de otros millonarios. Descubrió que las personas ricas tienden a invertir su dinero en activos que generan flujo de caja, mientras que las personas pobres y de clase media tienden a comprar pasivos gastando de más. También descubrió que la gente de la clase baja, media e incluso de la clase media alta tienden a ahorrar dinero en lugar de invertir sabiamente, debido a la aversión al riesgo y al miedo a cometer errores. Las personas con una "mentalidad rica" tomarán dinero extra y lo invertirán en una pequeña empresa, un perforador petrolero, un almacén, una casa de alquiler embargada o comerciarán en el mercado como un tiburón (compra barato, vende caro).

Por ejemplo, Bill Bartmann es un multimillonario que hizo su fortuna en el cobro de deudas, luego quebró y finalmente logró recuperar todo su dinero porque tenía una mente rica.

Para Kiyosaki, una persona rica no es alguien que tiene dinero en el banco, sino una persona que recibe dinero a través de ingresos pasivos por inversiones. Estas personas tienen más inmunidad a las recesiones o posibles crisis del dólar, y a cierto nivel nunca tendrán que volver a trabajar.

Los activos de flujo de caja incluyen propiedades de alquiler, productos básicos como el petróleo, regalías de propiedad personal, negocios rentables como franquicias, negocios personales, marketing en Internet y acciones que pagan dividendos. Los metales preciosos también tienden a aumentar constantemente mientras permanecen inmunes a la inflación y a la caída de la moneda fiduciaria.

Metales preciosos

Desde la recesión económica del 2008, los metales preciosos han experimentado un auge. A medida que disminuye la fe en el dólar estadounidense, la reserva de moneda fiduciaria para gran parte del mundo, los países extranjeros han comenzado a invertir en oro como protección contra la inflación. Mientras tanto, las imprentas de la Reserva Federal de EE. UU. siguen imprimiendo papel moneda que no está respaldado por nada, a la vez que toman prestado dinero de China y Japón, que poseen un porcentaje de nuestra deuda y puede que presionen por una moneda universal. Las noticias hablan sobre cómo el oro y la plata no son prácticos porque no tienen un valor intrínseco; sin embargo, las personas y los países siempre los buscan en tiempos de incertidumbre económica. Nixon desconectó el oro de la moneda en 1971, y desde entonces el dólar no ha estado atado ni siquiera a una onza de oro... sino a la imprenta del Tesoro Federal.

Siento que la moneda estadounidense continuará disminuyendo constantemente si el déficit del país no se reduce en gran medida. Diversificar tus activos en un cierto porcentaje de oro y plata, digamos un mínimo del 10 por ciento, te brindará una cobertura. Personalmente, creo que vale la pena tener más que eso, pero eso es solo mi opinión. Esto puede tomar muchas formas: monedas de oro y plata, monedas antiguas numismáticas o lingotes. Sin embargo, ten cuidado al comprar: muchos distribuidores intentarán cobrarte más caro que el precio de mercado. Personalmente he trabajado con Austin Gold Coins en Austin, Texas, y he encontrado que son los mejores. También puedes invertir en un fondo de inversión cotizado (ETF) de oro como GLD, un fondo que cotiza en bolsa y que posee oro y permite negociar en el mercado de valores. También puedes comprar opciones financieras de esta manera, si sabes cómo. Pero nunca sustituyas un fondo de inversión cotizado (ETF) o ningún otro activo de mercado intangible con metal real físico, que deberás guardar en algún lugar cercano a ti. Además, investiga un poco sobre las acciones de las compañías mineras de oro. Esto podría ser muy útil en el futuro.

El imperio de Jimmy Buffett

Quiero recomendar estudiar el modelo económico del músico y empresario Jimmy Buffett, porque sigue el modelo financiero de Kiyosaki, consciente o inconscientemente, y creo que es beneficioso ver un ejemplo de alguien conocido que lo haya aplicado con éxito. Casi nadie sabe que Buffett era un músico prácticamente en bancarrota y con dificul-

tades después de su éxito más famoso, "Margaritaville".
Después de ser desplumado por las compañías discográficas
y gastar todo su dinero en chiches, un día estaba sentado en
su habitación tratando de descubrir qué podía hacer a
continuación. Decidió escribir un libro. Ese primer libro,
Tales from Margaritaville, publicado en 1989, se convirtió en
un éxito de ventas del *New York Times*. En lugar de invertir
sus nuevas riquezas en acciones y bonos como todos los
demás o gastarlos en chiches, se hizo prudente con Kiyosaki
y comenzó a invertir en negocios. Abrió el restaurante
Margaritaville y tuvo mucho éxito; escribió más libros (propiedad intelectual), todos éxitos de venta; comenzó su
propia compañía discográfica, así que básicamente trabajó
para sí mismo; comenzó su propia línea de playeras, cerveza
y productos y los vendió en sus restaurantes y conciertos.
(Buffett, 2000) Y ahora, es uno de los músicos con mayor
éxito financiero del mundo. El *Chicago Tribune* estima que
gana $ 40 millones al año. ¡Así es como se hace!

13

DIEZMO

El padre de mi abuelo, Robert D. Pearson, era un predicador bautista en Mississippi y dedicó su vida a servir tanto dentro como fuera de la iglesia. Cuando no estaba en la iglesia, se lo podía encontrar al lado de los enfermos y moribundos, tomándolos de las manos. Al crecer, pasé mucho tiempo con su hijo – mi abuelo Wilbur Pearson –, quien siempre citaba las escrituras bíblicas. Mi abuelo no era "un cristiano de domingo". Cuando estaba en su casa, todos los días rezábamos por personas necesitadas en todo el mundo, por la mañana y por la tarde, durante largos períodos de tiempo. Aunque mi abuelo a veces tenía una visión rígida de la espiritualidad en general, siempre lo consideré como una persona espiritual; creía en la verdad de su fe. Él daba a los necesitados a pesar de que no era un hombre rico. Como resultado, parecían sucederle cosas buenas.

Es cierto que a veces las personas se aprovecharían de su generosidad. Recuerdo una vez que vendió un bote de pesca a un hombre que le dijo que se lo pagaría más tarde, pero nunca lo hizo. Tal era su naturaleza: mi abuelo simplemente lo dejó pasar. Vivió hasta los noventa y siete años, y por lo general puedo evitar las principales enfermedades. Su funeral fue grande y asistieron muchos que elogiaron su amabilidad.

Creo que la caridad de mi abuelo enriqueció su vida. Hay un versículo sobre el dar, Lucas 6:38, que estoy seguro de que lo conocía: "Den, y se les dará una medida buena, incluso apretada, remecida y desbordante. Porque con la misma medida con que ustedes midan, serán medidos."

Creo que el diezmo vuelve al donante porque la energía va y viene. La energía positiva crea un retorno de energía positiva, y la energía negativa produce más de lo mismo. Lo similar atrae a lo similar. El dinero también es energía, lo que tiene un efecto correspondiente cuando se lo gasta.

Dos de mis mentores financieros, Robert Kiyosaki y Joe Vitale, recomiendan dar dinero como la mejor manera de recibir más. Robert dice que, cuando estaba deprimido, le enviaba un cheque a una organización benéfica para niños, y en menos de una semana surgía una ganancia financiera inesperada. Esto es similar a la película *Pay it Forward* (Cadena de favores, 2000), donde un maestro le asigna a su clase una tarea para tratar de cambiar el mundo. A un estudiante se le ocurre la idea de "cadena de favores" y los resultados son profundos y afectan a toda la nación.

T. Harv Eker sugiere donar el 10 por ciento de tus ingresos mensuales a la (o las) organización benéfica que elijas, y creo que es un buen modelo. Si no puedes dar dinero, entonces ofrece tu tiempo... como voluntario.

A menudo los pobres creen que las personas ricas son codiciosas. Si bien se ha permitido que florezca una cultura de la codicia en los Estados Unidos y en todo el mundo, creo que algunos millonarios se encuentran entre las personas más generosas del mundo. Muchos pasan su tiempo haciendo donaciones y estableciendo instituciones para los desfavorecidos y necesitados.

Creo que mi abuelo habría estado de acuerdo en que cuando uno da, lo importante es recordar que es nuestro deber como seres humanos estar al servicio de los demás. Si no es para aprender y crecer, entonces el servicio es la verdadera razón por la que estamos aquí. El altruismo no es solo un acto espiritual; deberíamos apuntalar al prójimo porque es nuestra humanidad: él es nosotros y nosotros somos él. Un día, cuando necesitemos ayuda, ¿habremos depositado algo en nuestra cuenta bancaria espiritual para retirar entonces? Hay una cita que le encanta a Dede, del científico afroamericano George Washington Carver: "Cuán lejos llegues en la vida depende de qué tan tierno seas con los jóvenes, qué tan compasivo con los ancianos, qué tan solidario con los que luchan y tolerante con el débil y el fuerte. Porque algún día habrás de ser uno de ellos."

14

CITAS, RELACIONES Y EL
MEJOR SEXO

Hay miles de teorías sobre las "citas". Con la popularidad de las *apps* de citas, no hay excusa para decir que ya no puedes encontrar una. Antes de casarme, disfruté mucho de las posibilidades que las *apps* te ofrecen y sé de muchas personas que han conocido a sus almas gemelas online. Así fue como conocí a mi esposa, Wiphawan (su nombre significa "resplandor" en tailandés), y tenemos la conexión más maravillosa. Estamos muy enamorados y felizmente casados. Esta forma de vincularse online cambió mi vida de la mejor manera posible. No estoy sugiriendo que vayas y encuentres al amor de tu vida en Tinder. Una buena amiga mía terminó casándose con un hombre que conocía vía Tinder, y es una chica realmente buena y maravillosa.

La gente parece asumir que Tinder es para citas rápidas y sexo casual, y eso puede ser cierto; pero las personas tienden a obtener lo que suponen. Sin embargo, es posible que desees invertir en una cuenta de Match.com, donde las personas tienen que invertir dinero para tener una cuenta con más información personal. Lo que desprecio de Tinder es que se basa casi exclusivamente en las apariencias físicas, con el usuario deslizando hacia la derecha o la izquierda a partir de una simple foto. Esto es muy superficial. Crecer en una cultura basada en las apariencias tuvo un efecto tan profundo en mi vida, que me llevó a escribir una novela de ficción humorística titulada *Big John and the Fortune Teller* (El gordo John y la vidente). Búscalo en internet, ¡te encantará!

Si está buscando una estrategia para conocer gente y posiblemente tener citas o incluso tener relaciones sexuales más saludables, personalmente creo que la mejor estrategia es ser amigo de las personas, mientras que al mismo tiempo flirteas con ellas, incluso aunque la o lo hayas conocido en un sitio de citas. Esto te mantendrá fuera de la temida "zona de amigos". Cuando se trata de salir, soy un poco anticuado y creo que los hombres deberían ser caballeros: liderar, abrir las puertas, pagar la cuenta, ser cortés y amable, etc. Hombres: sean creativos cuando tengan citas con mujeres. Piensen en actividades divertidas como bailar, caminar por la playa o jugar un juego... cosas que pueden hacer juntos en lugar de simplemente ir a una cena costosa y aburrida y ver una película. Concéntrate en actividades creativas e interactivas. A todos nos encantan las películas, pero seamos honestos: no conectarás con tu cita durante la película a menos que ya hayas establecido una conexión cercana de antemano. Creo que la mayoría de las mujeres están totalmente aburridas de escuchar el típico: "*Let's watch Netflix and chill*" (Es una frase hecha en inglés, que quiere decir, palabras más palabras menos: Netflix es una excusa para tener sexo).

Estados Unidos tiene una cultura basada en la apariencia, y las apariencias son poco profundas. Cuando era chico, me ridiculizaban por tener pecas y cabello rojo. En el sur profundo, parecía que todas las chicas querían salir con un joven bronceado que tuviese un gran cabello castaño. Por supuesto, tales estándares siempre se basan en el condicionamiento cultural predominante. ¡Si hubiera estado en Irlanda, habría sido muy popular! Mira siempre más allá de la forma externa de la gente, focalizándote en su esencia espiritual. Algunas de las personas más bellas del mundo son de las más aburridas y básicas que jamás hayas conocido.

Además, si estás buscando románticamente a alguien que no está interesado en ti, puede que estés sufriendo de baja autoestima. Un día, en 2006, mi buen amigo Brad Yates me recordó que hay muchísimos peces en el mar cuando me quejaba acerca de una relación con una chica que no funcionó: hay literalmente miles de millones de personas en el mundo. Si alguien no te quiere, ¿por qué entonces habrían de gustarte? Siempre cuídate primero y encuentra a alguien que te valore por lo que eres.

Creo que el mejor libro que se ha escrito sobre relaciones es *Los hombres son de Marte, las mujeres son de Venus*, de John Gray. Él afirma que los hombres y las mujeres están programados de manera diferente y, por lo tanto, quieren cosas diversas o priorizan de modos disímiles. Las mujeres son más seres emocionales y los hombres más mentales. Este libro es de lectura obligatoria para cualquiera que haya tenido problemas en una relación, o incluso para quien tenga una relación maravillosa y sólo quiera mejorarla.

Básicamente, todo se reduce a la comunicación. Las parejas que se comunican se enamoran más profundamente, forman lazos más fuertes y resuelven los conflictos fácilmente antes de que surjan las peleas. Si has leído los libros de John Gray y todavía tienes problemas en tus relaciones, quizá la terapia de parejas te sea útil.

Sin embargo, seamos claros: hay muchas personas que

se separan – por muy buenas razones – y vuelven a estar
juntas solo por conveniencia... pero realmente no hay una
unión verdadera. A veces hay tantos recuerdos compartidos
de momentos felices, que después de separarse vuelven
sobre esos recuerdos en lugar de todos los problemas que
llevaron a terminar la relación. Yo digo: sigue adelante. En
su ilustre libro *Consejo de un sufi*, Dede compara una mala
relación con animales que son incompatibles. Puedes ser un
gato en una relación con un hipopótamo o un zorro con un
tigre. Necesitas estar con alguien que esté en la misma onda
que tú. Si acabas de romper con alguien, te sugiero que uses
la receta básica de EFT (TLE o técnica de liberación
emocional) descrita al comienzo de este libro, y haz todo el
tapping que puedas para todas las emociones que surjan de
esa relación conflictiva hasta que lo veas claro. Luego,
reevalúa dónde estás. Puedes intentar salir con alguien
nuevo para variar, o puedes acercarte a la vieja relación de
una manera nueva.

Algunas personas tienen vibraciones realmente malas y
necesitas alejarte de ellas. Le pregunté a Dede si debería
volver a conectarme con un viejo amor y él dijo: "Aléjate de
ella. Está muy lejos de ser y estar cerca de ti ".

Las relaciones positivas a menudo dependen del horós-
copo (la hora y lugar de nacimiento de una persona). Es
posible que desees analizar esto, ya que puede conducir a
relaciones armoniosas. Hay excepciones a cada regla, y
algunas personas cuyos horóscopos no coinciden aun
pueden funcionar en la vida real. Nunca he mirado el horós-
copo para mi esposa y para mí, solo sé que la cosa funciona.

El sexo puede ser la experiencia más gratificante y satis-
factoria en la vida, especialmente cuando hay un profundo
amor y una gran conexión. Sin embargo, a pesar de ser un
deseo perfectamente natural del que nunca debemos tener

miedo, también es responsable de muchos problemas en las relaciones y amistades.

Desafortunadamente, la educación y programación sexual de muchos hombres hoy en día proviene de la pornografía dura, que es grosera y a menudo agresiva. Vi mi primera revista pornográfica a los diez años... una edad demasiado temprana. Después de sentirme vacío y solo después de muchos meses de ver pornografía, dejé de hacerlo alrededor del 2005 (aunque he tenido recaídas). Mirar pornografía puede destruir la vida de las personas, y casi lo hace con la mía. Es triste que estas horribles películas sean nuestra nueva realidad en lo referido al sexo. Por un lado, algunos hombres se aíslan con su pornografía cuando podrían perfectamente tener citas si vivieran en 1930.

Muchos hombres y mujeres han sido agredidos sexualmente o violados cuando eran niños o ya de mayores. Tal violencia puede hacer que una persona vea el sexo como malo. Hacer tapping con TLE puede ayudar a disolver estas perturbaciones. TLE es una herramienta maravillosa para el TEPT (trastorno de estrés post-traumático), y la terapia tradicional también puede ayudar a que uno tenga un vínculo más natural con el sexo.

En la rama taoísta de la gran tradición, Dede me enseñó que el concepto detrás del *tantra verdadero* es que la pérdida de semen debilita gradualmente a un hombre con el tiempo. Esto a menudo resulta en un bajo impulso sexual demasiado temprano en la vida y en la disfunción eréctil. El tantra verdadero, enseñado por expertos como el maestro tailandés Mantak Chia, le enseña a un hombre a tener orgasmos sin eyacular, así como a tener orgasmos múltiples y orgasmos de cuerpo completo. Esto implica contraer los músculos de la PC (músculos pubocoxígeos) mientras circula la energía alrededor de la micro órbita (un canal de energía en el cuerpo). Mantak Chia tiene un libro maravilloso sobre la sexualidad de los hombres llamado *El hombre multiorgásmico*. El compañero de este libro, *La mujer multiorgásmica*, también enseña a las mujeres cómo controlar sus orgasmos y hacer circular su energía, lo que resulta en un mejor sexo y más gratificante. Chia muestra cómo una pareja puede intercambiar esta energía sexual, durante el acto de amor físico, haciéndola circular alrededor de sus canales energéticos y los de su pareja. Siguiendo la tradición tántrica, Chia también tiene libros con muchas posiciones sexuales y también se sumerge profundamente en los juegos previos.

Si eres un hombre que ha perdido el deseo de tener relaciones sexuales, muchas veces se debe a la falta de relaciones sexuales frecuentes. Otras veces, es hormonal. De ninguna manera soy un experto en hormonas, pero Suzanne Somers sí. Mira algunos libros de ella si sientes que esto es un problema para ti. Muchas personas (tanto hombres como mujeres) han afirmado que tomar reemplazos hormonales puede corregir la disfunción sexual y también tener efectos antienvejecimiento. Durante años sufrí de una disfunción eréctil que iba a venía. Durante ese tiempo me diagnosticaron testosterona baja y me recetaron una forma de testosterona bioidéntica. Desafortunadamente, no resolvió el problema eréctil. También probé un suplemento de hormona del crecimiento humano (HGH) y cialis sin ningún beneficio. Finalmente lo curé mirando varias veces durante cuatro días seguidos un video de YouTube de Brad Yates titulado "Cuestiones sexuales".

También sugiero experimentar cuidadosamente con el ginseng todos los días, que puede ser un poderoso estimulante. Para la disfunción eréctil, los hombres también pueden tomar productos como cialis, que en mi opinión es superior al Viagra porque este funciona justo después de tomarlo, mientras que el cialis funciona durante un período completo de veinticuatro horas. Habla con tu médico antes de comenzar cualquier tipo de régimen de salud o medicamento nuevo.

VIAJAR Y EL MARAVILLOSO MUNDO DE LA NATURALEZA

El escritor Tahir Shah cita periódicamente un proverbio marroquí que me gusta: "Se necesitan muchos viajes antes de que el hombre crudo madure". Esto resume mis sentimientos sobre la importancia de viajar. Nací en Mississippi en 1980, y comencé a viajar de pequeño. Mis padres, Ken y Charme, ambos artistas y creativos, querían mostrarme el mundo y hacerme experimentar otras culturas; y les estoy muy agradecido por brindarme semejante oportunidad.

Cuando tenía trece años, viajamos por toda Italia: Milán, Roma, Florencia y Nápoles. El hermano de mi madre, Wilbur Pearson Jr., en aquel entonces vivía en Florencia y lo visitamos allí. Italia tuvo un profundo impacto en mi infancia. La cultura era como si fuera de otro planeta cuando la comparaba con mi vida en casa. La comida era real y sabía increíble. La mayoría de los restaurantes italianos hacen su pan y pasta a mano – casi a diario – con solo cuatro ingredientes. Esta masa horneada era diferente a todo lo que había probado. El momento más memorable del viaje fue comer en Harry's Bar en Venecia, donde pedí *carpaccio* (carne cruda en rodajas finas con una ligera llovizna de aceite de oliva fresco). ¡Creo que la comida costó como trescientos dólares!

Pasé mi infancia visitando parientes en el norte de California y el sureste de Florida. A medida que crecía, mi viajes continuaban de una manera casi obsesiva. Diferentes lugares tenían diferentes energías, y quería experimentarlos a todos. Cuando conocí a Dede, a los 24 años, me preguntó si cerca de donde vivía en aquel entonces había algún lugar en el cual yo me sintiera muy bien, o si había una iglesia a la que pudiera ir que tuviera una energía espiritual similar para la salud y el bienestar general. Le respondí que no, pero que me había sentido muy bien en Italia. Luego me aconsejó que me mudara a San Agustín, Florida, (la ciudad más antigua de América) porque una energía cósmica había sido enterrada allí hace siglos y también había energía proveniente del océano. Dijo en ese momento: "Uno tiene que alejarse de las personas, lugares y cosas negativas". Cuando llegué, se sentía como si fuese un lugar tocado por el cielo. Podía sentir a Dios en las grietas de las aceras mientras caminaba por las viejas calles adoquinadas. El trabajo interno fue muy fácil allí.

Viví en San Agustín durante un tiempo y poco a poco comenzaría a viajar por los Estados Unidos en busca de otras áreas energéticas. Encontré que esta energía es más pronunciada en el *Big Sur*, Bel Air y Beverly Hills, California. Desde entonces, las energías han cambiado en todo el mundo y no encontrarás esa misma energía en esos lugares, aunque todavía son lugares maravillosos con muy buenas vibraciones.

También hay lugares en el mundo que tienen una energía negativa. El mundo es un lugar de dualidad: bueno y malo, cielo e infierno, luz y oscuridad, positivo y negativo.

El maestro sufi Idries Shah dijo que no se puede conocer realmente un lugar a menos que cierres los ojos y tapes la nariz y los oídos y hagas silencio. He estado en algunos lugares de los Estados Unidos que me han hecho sentir muy incómodo. Algunos de ellos están llenos de riqueza y abundancia, por lo que el ojo puede ser un gran embaucador. Recomiendo siempre evitar esos lugares.

Viaja todo lo que quieras para experimentar las diferentes energías y culturas de todo el mundo. Con el tiempo, dicha experiencia te ayudará a madurar.

Creo que salir a la naturaleza es una de las cosas más importantes para nuestro bienestar. Especialmente si vives en la ciudad, es posible que tengas que salir al campo ocasionalmente para reconectarte y aterrizar, o al menos visitar los parques de la ciudad. Apreciar la vida silvestre, pescar, cazar, el senderismo y la jardinería son beneficiosos para el espíritu humano. He enmarcado y colgado fotos, de hermosas escenas de la naturaleza, tomadas en varios lugares en los que he viajado porque la naturaleza tiene una frecuencia muy positiva. Mirarlas me hace sentir eufórico.

Obtener un mínimo de quince minutos de luz solar diaria es muy bueno para el cuerpo. Personalmente, creo que necesito por lo menos una hora. El cuerpo humano necesita el "elemento fuego", o el calor del sol, para mantener el bienestar. Si vives en Seattle o en algún lugar nublado, invierte en una luz infrarroja y úsala todos los días para complementar el sol que te estás perdiendo.

Soy dueño de una casa rodante Grand Design Reflection 2018 que llevo, cuando estoy de vacaciones, alrededor de los Estados Unidos para experimentar la naturaleza. Cuando estoy acampando paso mucho tiempo afuera, cocinando sobre el fuego. Acampar es una forma maravillosa de ponerse en contacto con la naturaleza y disfrutar del aire libre. Si no tienes los medios para mantener una casa rodante, no te preocupes, solo empaca una tienda de campaña y un saco de dormir y disfruta de los campamentos. Puedes caminar o explorar la zona cuando llegues allí.

Los Boy Scouts de America es una organización muy especial. Idries Shah vivió en la casa que alguna vez fue de Robert-Baden Powell en la campiña de Kent, Inglaterra. La casa era un lugar de reunión habitual para muchos de los estudiantes conocidos de Shah, como la autora ganadora del Premio Nobel Doris Lessing (1919 - 2003), el autor de *El guardián entre el centeno*, JD Salinger (1919 - 2010) y una gran cantidad de otros personajes. Desafortunadamente, la organización Boy Scouts ha experimentado cierta controversia con respecto a las acusaciones de abuso, lo que me rompe el corazón y me pone muy triste. Los Boys Scouts, en mi experiencia, siempre fueron un buen grupo para atraer a los jóvenes a la naturaleza y enseñarles a "hacer". Como dice Dede en su libro *Consejo de un sufi*, aprender a hacer es lo más importante que una persona puede saber. Si se puede hacer una cosa bien, se pueden hacer muchas otras cosas.

16

TU LUGAR ÓPTIMO PARA VIVIR

S i ya eres feliz en el lugar donde vives, entonces este capítulo no está dirigido a ti. Pero si estás buscando mudarte en el futuro o pensando en hacerlo, pregúntate, ¿qué quieres de ese nuevo lugar? ¿Quieres vivir cerca del océano, las montañas o la ciudad? Tal vez amas a tu ciudad natal y quieras vivir allí. Acaso seas como esas personas que están atadas a un lugar determinado por sus trabajos y, por lo tanto, con opciones limitadas.

Si tienes el lujo de poder vivir en cualquier parte del mundo, elije un lugar con buena calidad de aire en primer lugar, en un país con el que resuenes profundamente. La vida es demasiado corta para respirar un mal aire en un lugar que no te gusta. El aire es uno de los cinco elementos que Ali Dede incluye en su abordaje de la salud. Dentro de las ciudades, esto puede significar prestar más atención a ciertos barrios. El tráfico, las facilidades para caminar, los senderos para bicicletas, el acceso a los parques y la naturaleza y los servicios son otras cosas que deberás considerar cuidadosamente.

En mi opinión, en Estados Unidos el estado de California popularizó el concepto de estilo de vida desde el principio: jóvenes en forma con cabello desteñido por el sol que vivían y trabajaban cerca de la playa, surfeaban al amanecer, tomaban jugo de zanahoria antes del trabajo, caminaban o iban en bicicleta a la oficina y saldrían a almorzar al mediodía a algún lugar de ensaladas a la vuelta de la esquina en un fresco pero soleado día de 22 grados. Tiene sentido entonces que la ecológica empresa Patagonia fuese fundada en Santa Mónica, California. El fundador, Yvon Chouinard, adoptó este buen concepto de estilo de vida para él y sus empleados, que popularizó en su biografía comercial *Let My People Go Surfing*. El libro está inspirado en su lema de que a sus empleados en Ventura, California, se les debe permitir tomar descansos para surfear y no usar zapatos en la oficina.

Al alquilar un apartamento, elije siempre un lugar que no sea ruidoso pero que tenga un buen propietario que arregle las cosas. De lo contrario, alquilar puede ser un infierno. Si compras, pregúntate, ¿deseo un lugar libre de mantenimiento como un condominio o un espacio abierto en algún sitio fuera de la ciudad? La conclusión es ponerse en contacto con lo que quieres y amas, e ir por eso. Somos todos, y queremos cosas, diferentes.

Elije siempre un edificio que sea blanco o de color claro. Cuando estaba muy enfermo, Dede me aconsejó que usara ropa blanca todo el tiempo y que viviera en un edificio blanco con paredes blancas. "Sé conocido como *El hombre que viste de blanco*", dijo. Los colores siguen la ley de la atracción. Los colores claros atraen frecuencias positivas y los colores más oscuros atraen energías más negativas. Las razas no tienen nada que ver en esta ecuación. Todas las razas humanas son iguales... nuestras esencias son iguales.

17

HAZ LO QUE AMAS, AMA LO QUE HACES

Una educación primaria, hasta cierto punto, es muy importante para todos. Para aquellos que viven en un área donde las escuelas públicas son peligrosas, en Estados Unidos la educación en el hogar puede ser una mejor opción en estos días. Una educación universitaria es importante si deseas o necesitas aprender ciertas habilidades profesionales o certificaciones para ejercer la profesión que estás buscando. Sin embargo, ciertas empresas, como abrir un negocio o ser un artista, no requieren necesariamente una educación universitaria. Muchos de los empresarios más exitosos dejaron la universidad temprano para perseguir sus sueños. Creo que la universidad es muy importante y su valor nunca debe descartarse, pero la persona debería considerar cuidadosamente lo que quiere hacer y asegurarse de que está en el camino correcto para conseguirlo... ya sea que eso signifique permanecer en la escuela o no. Tomé un curso de Photoshop en la Universidad de Nueva Orleans que me ha ayudado enormemente a realizar diseños gráficos para sitios web y envasado de productos. Sin esa clase, sería inútil en el trabajo de diseño. Lo importante es seguir a tu corazón y hacer lo que amas. La dicha te seguirá. Se ha dicho: "Si haces lo que amas, nunca trabajarás un día en tu vida".

También es bueno hacer algo profesionalmente que de alguna manera sea útil para otros y la sociedad . No sientas orgullo por estar dedicado al servicio, más bien tómalo como un deber. También creo que es útil dejar un legado para las generaciones venideras. En estos días, cualquiera puede hacer esto con YouTube y la autopublicación de libros. Es posible publicar un video en YouTube y estará allí por muchos años, tal vez para siempre.

18

SER DE SERVICIO

Hablamos sobre la importancia del diezmo en la sección financiera. Ahora, ¿de qué otras maneras podemos ayudar al mundo? A medida que avanza nuestro día, pensemos en todas las formas en que podríamos lograr un cambio positivo. Organicemos *think tanks* con amigos para esto. También puedes ofrecer tu tiempo como voluntario o presentar proyectos. Hay muchas organizaciones sin fines de lucro que buscan ideas. Colabora con ellos. He descubierto dos conceptos muy importantes para ayudar al mundo – gracias a mi maestro Ali Dede – que quiero compartir con ustedes.

El primero implica darte un panorama general de la llamada "teoría de la ventana rota" y el problema del crimen en Manhattan durante la década del 80, antes de que se convirtiera en una de las ciudades más seguras para vivir de los Estados Unidos. Aunque el alcalde Michael Bloomberg inició en la década de 2000 una política de "detener y cachear" – que muchos consideran prácticamente racista –, el crimen violento en la ciudad ya había comenzado a caer a fines de la década del 90.

George L. Kelling fue coautor de un artículo titulado "Ventanas rotas" en la década del 80, que básicamente describía que si un edificio tiene algunas ventanas rotas que no se arreglan de manera oportuna, finalmente los vándalos romperán más ventanas. Fui alumno pupilo en un colegio de Nueva Inglaterra, Connecticut, y recuerdo haber ido a menudo a la ciudad de Nueva York en 1996 hasta que me gradué en 1999, y todavía no era segura. Una vez, después de llegar a la Autoridad Portuaria, un hombre se me acercó sólo para agarrar mi maleta y alejarse con ella. Corrí tras él, y cuando lo alcancé él me exigió dinero. De alguna manera, me las arreglé para quitarle la maleta y correr dentro del lobby de un hotel cercano. Para un chico de quince años, la experiencia fue bastante inquietante.

En la década del 90, William Bratton se convirtió en el jefe de tránsito de Nueva York; Kelling fue su mentor. Comenzó a implementar políticas de tolerancia cero en los subterráneos de NYC, que por aquel entonces estaban sucios, deteriorados, infestados de delitos y salpicados de grafitis. Las cosas han mejorado mucho desde entonces.

El alcalde Giuliani fue elegido y contrató a Bill Bratton como su comisionado; juntos, emplearon una política de tolerancia cero (arrestar borrachos y a quienes no pagaban el boleto del metro, pintar grafitis) en las zonas peligrosas de la ciudad. Las cosas también mejoraron.

Para el año 2000, las tasas de criminalidad en Nueva York habían caído y era un lugar seguro para vivir. Harlem se convirtió en un nuevo vecindario urbano de cibercafés y cooperativas orgánicas. Bill Clinton abrió una oficina allí. (Teoría de las ventanas rotas, sin fecha)

Diez años después, Nueva York era una de las ciudades más seguras de los Estados Unidos.

" La higiene es casi divina." Todos hemos escuchado eso,

pero ¿lo creemos? ¿Por qué las áreas plagadas de delitos siempre están llenas de ventanas rotas, grafitis, malezas y basura, y las áreas seguras generalmente están limpias?

¿Ver ventanas rotas crea una mente rota? ¿Qué pasó en Nueva York y cómo podemos usar esas lecciones para detener el crimen en las ciudades más peligrosas del mundo?

Creo que si implementamos campañas de limpieza en las ciudades más peligrosas del mundo, esos vecindarios mejorarían. Comparte la historia de las ventanas rotas de Nueva York.

El segundo proyecto que me interesa tiene que ver con el hambre en África. En el año 2010, el África subsahariana tenía 239 millones de personas hambrientas. Creo que tomarse apenas cinco minutos para reflexionar sobre eso es una verdadera lección de gratitud para los estadounidenses: 239 millones de personas que no tenían suficiente comida.

¿Cuál es la causa? La sequía ha ejercido presión sobre la agricultura, y las guerras y los políticos corruptos han puesto de rodillas a varios países.

¿Cuál es la cura? Las personas hambrientas necesitan agua y alimentos, por lo que es urgente abordar ese problema o la gente morirá. Hay una organización muy buena llamada *Stop Hunger Now* y otra llamada *WFP*, que entrega alimentos envasados a personas hambrientas en África. La Fundación Gates también está trabajando arduamente para proporcionar baños higiénicos y agua potable a los necesitados. Puedes elegir una de estas organizaciones benéficas como destinatarios de tu diezmo (yo no le he dado donaciones, así que no puedo opinar).

Pero creo que una de las soluciones más desapercibidas para la nutrición en África puede ser el *Moringa oleifera* o Árbol de la Vida. Las semillas de esta planta muy interesante podrían ser plantadas debido a su amplísima utilidad. La moringa es el alimento nutricionalmente más denso del mundo. Puede crecer en las condiciones más áridas con muy poca agua, lo que lo hace perfecto para las regiones desérticas de África. Los científicos han confirmado que gramo por gramo, el polvo de sus hojas contiene cuatro veces el calcio de la leche, cuatro veces la vitamina A de las zanahorias, siete veces más vitamina C que las naranjas, dos veces la proteína de la leche y tres veces el potasio de la banana; sin mencionar siete de los aminoácidos esenciales, minerales traza y antioxidantes. (Levy J. , *Moringa Benefits Hormonal Balance, Digestion, Mood and More*, 2020) Personalmente he tomado mucho este nutriente con excelentes resultados: mayor energía, vigor y bienestar. Es conocido en África como "La asistente de la Madre", pues si una madre desnutrida toma el polvo puede nuevamente producir leche y evitar la desnutrición del bebé. ¿Qué puedes hacer? Haz correr la voz con la noticia sobre el árbol de la vida.

19

LA RELAJACIÓN Y EL CAMINO ESPIRITUAL

En el mundo moderno, a veces es difícil no estresarse. ¿Cómo podemos aliviar el estrés? Ya hemos discutido la TLE, los remedios florales de Bach y HeartMath en capítulos anteriores. El ejercicio o el masaje pueden ser otras buenas maneras de salir de la mente y conectarse al cuerpo. Un baño es una forma útil de relajar los músculos, meditar, reflexionar sobre el día, bajar un cambio y... también bañarse.

En mi antigua casa solía tener velas de diferentes tamaños, formas y colores en cada habitación. Todas las noches, cuando realizaba un trabajo interno, las encendía a todas durante una cierta cantidad de tiempo porque el brillo producido es realmente magnífico y relajante. Las velas hechas de cera de abejas son realmente superiores porque producen un mejor brillo, así como iones negativos, y también son útiles para el trabajo interno. En el Pier 1, Pottery Barn y Crate and Barrel solía encontrar jarrones únicos que disipaban y hacían rebotar la luz para aumentar este efecto. Asegúrate de apagarlas a todas antes de salir de la habitación o irte a dormir.

Encontrar un camino espiritual en el año 2000 cambió mi vida de innumerables maneras, las cuales detallo en el primer libro de esta serie. Te sugiero que busques el camino que más te convenga. Mi camino es el camino de los sufís, aunque no puedo autodenominarme así; todavía soy un estudiante. Gran parte del contenido de este libro se deriva del material de lectura que me sugirió mi maestro Ali Dede. Su forma de sufismo puro se remonta a la época de Adán y ha tenido muchos nombres diferentes a lo largo de la historia. Hay muchas escuelas de pensamiento diluidas, e incluso francamente falsas, que hoy en día se autodenominan "sufí", pero aún se puede encontrar la verdadera corriente de la verdad, como lo es la preservada por los antepasados de Jan Fishan Khan.

Lo importante es que encuentres el camino hacia Dios que te hable a ti, ya sea el budista o sufí o incluso un camino personal de crecimiento e iluminación. Personalmente, creo que contar con la asistencia de un guía hace que el viajar sea mucho más fácil. A veces es casi imposible verse correctamente desde afuera. Me resulta bastante desconcertante que las personas contraten maestros y entrenadores para todo tipo de actividades, pero cuando se trata del trabajo interno sienten que no necesitan ayuda. Lo contrario suele ser cierto. En esta área, es aún más útil e incluso necesario tener una guía.

Puede que disfrutes algunos de los ejercicios de Dede en su canal especial de YouTube, The Sufi Tradition.

Otro ejercicio espiritual muy beneficioso es el *ho'ponopono*, la técnica hawaiana de perdón radical que se hizo popular por el maestro de la ley de atracción, Joe Vitale, en su increíble libro *Cero límites*. La idea detrás de *ho'ponopono* es que todo lo que se te presenta en el mundo lo has manifestado; por lo tanto, puedes cambiarlo haciendo las paces con lo divino. Esto se hace a través de un mantra a Dios que dice: "Te amo, lo siento mucho, por favor perdóname, gracias". Esto se repite una y otra vez mientras te enfocas en el problema. Después de realizar esta técnica durante algún tiempo, a menudo experimento una sensación de energía en mi cuerpo y en mi ser. Creo que este trabajo puede producir una limpieza profunda.

También recomendado por Dede, el arrastre cuántico, desarrollado por Frank Kinslow, es una herramienta de autorrealización verdaderamente milagrosa. Por eso, Frank enseña muchos métodos para crecer espiritualmente. He usado sus técnicas y ejercicios a lo largo de los años, y he leído varios de sus increíbles libros, siempre con resultados realmente maravillosos. Te sugiero que te familiarices con su trabajo y que pruebes sus recomendaciones. No te decepcionará.

CONCLUSIÓN

E spero que al menos parte del material de este libro, que es el resultado de mi aprendizaje de muchos años como discípulo de mi maestro sufi Dede, haya podido ayudarte de alguna manera. Dede es un brillante diagnosticador y conoce muy bien la salud, la dieta, los nutrientes y la vida en general. Cada día que hablaba con él, aprendía algo nuevo y útil. Su versatilidad me sorprende gratamente.

La vida se trata de elecciones. Toma las decisiones correctas, con intención, y obtendrás resultados maravillosos. La vida también está llena de misterio, accidentes felices y sincronicidades; y desafortunadamente, también de tragedias impredecibles. Intenta recordar que la vida no siempre está bajo tu control, incluso cuando estás usando la ley de la atracción y tus intenciones. Hay un dicho oriental: "Confía en Dios, pero primero ata a tu camello". Creo que es un lema maravilloso sobre cómo acercarse al mundo. Siempre sé cuidadoso con y en tu vida, e intenta y busca lo mejor para ti y tus compañeros de viaje, tus seres queridos y tu país; toma decisiones acertadas y obtendrás los mejores resultados posibles. Ten cuidado, pero no seas aburrido o inflexible. ¡Sonríe y diviértete! Está buena la vida, como dice el refrán; pero como dice mi guía, solo si *la hacemos así*.

LECTURA RECOMENDADA
EN INGLÉS Y ESPAÑOL

Alt, Carol. *Eating in the Raw: A Beginner's Guide to Getting Slimmer, Feeling Healthier, and Looking Younger the Raw-Food Way*. New York: Clarkson Potter, 2004.

Barron, Jon. *Lessons from the Miracle Doctors*. Laguna Beach, CA: Basic Health Publications, 2008.

Callahan, Roger. *Thought Field Therapy*. McGraw Hill, 2001.

Campbell, T. Colin, and Thomas M. Campbell II. *The China Study: The Most Comprehensive Study of Nutrition Ever Conducted and the Startling Implications for Diet, Weight Loss, and Long-Term Health*. Dallas, TX: BenBella Books, 2006.

Dede, Ali. *Advice from a Sufi*. www.thesufitradition.com. Disponible en español como *Consejos de un Sufi*.

Diamandis, Peter, and Steven Kotler. *Abundance: The Future Is Better Than You Think*. New York: Free Press, 2012. Disponible en español como *Abundancia: El futuro es mejor de lo que piensas.*

Eker, T. Harv. *Secrets of the Millionaire Mind: Mastering the Inner Game of Wealth.* New York: HarperCollins, 2005. Disponible en español como *Los Secretos De La Mente Millonaria.*

Gallo, Fred, and Harry Vincenzi. *Energy Tapping.* Oakland, CA: New Harbinger Publications, 2000.

Gray, John. *Men Are from Mars, Women Are from Venus.* New York: HarperBusiness, 1995. Disponible en español como *Los hombres son de Marte, las mujeres son de Venus.*

Kinslow, Frank. *The Kinslow System: Your Path to Proven Success in Health, Love, and Life.* Carlsbad, CA: Hay House, 2013.

Kiyosaki, Robert. *Rich Dad's Conspiracy of the Rich: The 8 New Rules of Money.* Scottsdale, AZ: Plata Publishing, 2009. Disponible en español como *La conspiración de los ricos: Las 8 nuevas reglas del dinero.*

Kiyosaki, Robert. *Rich Dad, Poor Dad: What the Rich Teach Their Kids about Money that the Poor and Middle Class Do Not!* New York: Warner Books, 1997. Disponible en español como *Padre Rico, Padre Pobre: Qué les enseñan los ricos a sus hijos acerca del dinero, ¡que los pobres y la clase media no!*

Lin, Chunyi. *Spring Forest Qi-Gong, Level 1: For Health.* Minnetonka, MN: Learning Strategies Corporation, 2000.
Palmer, Helen. *Enneagram: Understanding Yourself and the Others in Your Life.* New York: HarperCollins, 1988.

Pratt, Stephen, and Kathy Matthews. *SuperFoods Rx: Fourteen Foods That Will Change Your Life*. New York: HarperCollins, 2004.

Sears, Barry, and Bill Lawren. *Enter the Zone: A Dietary Road Map*. New York: HarperCollins, 1995. Disponible en español como *Dieta Para Estar en la Zona*.

Shah, Idries. *The Exploits of the Incomparable Mulla Nasrudin*. London: ISF Publishing, 1966. Dispnible en español como *Las hazañas del incomparable Mulá Nasrudín*.

Shah, Idries. *The Sufis*. London: ISF Publishing, 1964. Disponible en español como *Los Sufis*.

Shah, Idries. *World of Nasrudin*. London: ISF Publishing, 2003. Disponible en español como *El mundo de Nasrudín*.

Shah, Tahir. *Jinn Hunter*. London: Secretum Mundi Publishing, 2019.

Shah, Tahir. *Scorpion Soup*. London: Secretum Mundi Publishing, 2013. Disponible en español como *Sopa de escorpión*.

Shah, Tahir. *Travels with Nasrudin*. Bath, UK: Secretum Mundi Publishing, 2019.

Shimoff, Marci. *Happy for No Reason: 7 Steps to Being Happy from the Inside Out*. New York: Free Press, 2008.

Somers, Suzanne. *Ageless: The Naked Truth about Bioidentical Hormones*. New York: Crown Publishing Group, 2006.

Somers, Suzanne. *Bombshell: Explosive Medical Secrets that will Redefine Aging.* New York: Crown Publishing Group, 2012.

Vitale, Joe. *The Key: The Missing Secret for Attracting Anything You Want.* Hoboken, NJ: John Wiley & Sons, 2008. Disponible en español como *La llave: El Secreto Perdido Para Atraer Todo Lo Que Deseas.*

RECURSOS

Los cuentos enseñantes y los libros sufis de Idries Shah
están disponibles a través de la Fundación Idries Shah (ISF),
en su sitio web:

https://idriesshahfoundation.org/es

También considero que Hoopoe Books, una extensión del
Instituto para el Estudio del Conocimiento Humano (ISHK),
es una de las mejores organizaciones benéficas del mundo
en la actualidad. Desde 2007, esta organización ha distri-
buido más de 4.7 millones de libros infantiles de naturaleza
espiritual a niños en Afganistán. La educación y la lectura
cambian la vida de los jóvenes, y ellos son el futuro del
mundo. Considera efectuar una donación a su nombre, por
favor.

El sitio web de Ali Dede es:

www.sufismo.com

TRABAJOS CITADOS

Abundance. (n.d.). Retrieved from Merrian-Webster: https://www.merriam-webster.com/dictionary/abundance

Anxiety Association of America. (n.d.). Retrieved from www.adaa.org: https://adaa.org/living-with-anxiety/managing-anxiety

Axe, D. (2019, March 22). *Top 11 Omega 3 Benefits and How to Get More Omega 3 in Your Diet*. Retrieved from www.draxe.com: https://draxe.com/nutrition/supplements/omega-3-benefits-plus-top-10-omega-3-foods-list/

Axe, D. J. (2017, March 17). *Resveratrol: The Anti-Aging Powerhouse that's Good for the Heart, Brain and Waistline*. Retrieved from Dr. Axe: https://draxe.com/nutrition/all-about-resveratrol/

Barron, J. (n.d.). *Clinical Studies Reveal First, Natural Formula Effective for Removing Heavy Metals*. Retrieved from Baseline of Health Foundation: https://www.jonbarron.org/clinical-study-reveals-first-natural-formula-proven-effective-remo ving-hazardous-heavy-metals-new

Broken Windows Theory. (n.d.). Retrieved from Wikipedia: https://en.wikipedia.org/wiki/Broken_windows_theory
Buffett, J. (2000). *A Pirate Looks At Fifty.* Ballantine Books.

Cafasso, J. (n.d.). *Mouthbreathing: Sympptoms, Complications and Treatments.* Retrieved from Healthline: https://www.healthline.com/health/mouth-breathing

Clinical Study Reveals First, Natural Formula Effective For Removing Heavy Metals. (2005, October 25). Retrieved from Baseline of Health Foundation: https://www.jonbarron.org/clinical-study-reveals-first-natural-formula-proven-effective-removing-hazardous-heavy-metals-new

Cousens, D. G. (n.d.). *The Universal and Holistic Super Mineral.* Retrieved from Gabriel Cousens, MD: wwww.treeo flifecenterus.com

Everett Storey: Turning the Harmful into Something that Saves Lives. (2016, July 15). Retrieved from Everett Storey.

Fife, B. (2013). *The Coconut Oil Miracle.* New York: Avery.

Flanagan, D. G. (2016). *Elixir of the Ageless: You Are What You Drink.* Create Space.

Griffin, G. E. (1974). *World Without Cancer; The Story of B17.* American Media.

Intrepretive Summary – Listeria Monocytogenes Risk Assessment. (2003). *Center for Food Safety and Applied Nutrition*, 17.

Levy, J. (2019, May 15). *Magnesium Benefits, Dosage, Recommendation and Best Types*. Retrieved from www.draxe.com: https://draxe.com/nutrition/magnesium-supplements/

Levy, J. (2019, June 3). *What Is CoQ10? 8 Benefits for Energy, Aging, and Brain and Heart Health*. Retrieved from Dr. Axe: https://draxe.com/nutrition/all-about-coq10/

Levy, J. (2020, February 21). *Moringa Benefits Hormonal Balance, Digestion, Mood and More*. Retrieved from Dr. Axe: https://draxe.com/nutrition/moringa-benefits/

Link, R. (2018, April 16). *Vitamin C Benefits the Immunse System and So Much More*. Retrieved from Dr. Axe: https://draxe.com/nutrition/vitamin-c-benefits/
NASA Clean Air Study. (n.d.). Retrieved from Wikipedia: https://en.wikipedia.org/wiki/NASA_Clean_Air_Study

Ruggeri, C. (2019, September 17). *Cayene Pepper Benefits Your Gut, Heart and More*. Retrieved from www.draxe.com: https://draxe.com/nutrition/herbs/cayenne-pepper-benefits/

Schmid, R. (2009). *The Untold Story of Raw Milk: The History, Politics and Science of Nature's Perfect Food.* New Trends Publishing.

Steven G. Pratt, M. (2006). *SuperFoods RX: Fourteen Foods That Will Change Your Life.* New York: Harper.
The Device and the Inventor. (n.d.). Retrieved from www.the-

Trabajos citados

quantumpulse.com: https://www.thequantumpulse.com/
about.html

Understand the Facts. (n.d.). Retrieved from Anxiety and
Depression Association of America: https://adaa.org/unders
tanding-anxiety

ACERCA DEL AUTOR

Duke Tate nació en Mississippi, donde creció rodeado por una antigua tradición de narración de cuentos que es muy común en el sur de los Estados Unidos. Actualmente vive en el sudeste de Florida, donde disfruta de la pesca, el surf, la comida asiática y de los libros.

Aquí puedes ver su canal de YouTube, y su sitio web.

amazon.com/Duke-Tate

goodreads.com/9784192.Duke_Tate

facebook.com/duketateauthor

x.com/duke_tate

Big John Series

Big John and the Fortune Teller

Big John and the Island of Bones

Big John and the Hitcher

Big John's Hair-Raising Misadventures: The Trilogy

My Big Journey

Returning to Freedom: Breaking the Bonds of Chemical Sensitivities and Lyme Disease

Gifts from A Guide: Life Hacks from A Spiritual Teacher

Quantum Living: A Life Full of Miracles

Translations

Gifts from A Guide: Life Hacks from A Spiritual Teacher - Dutch edition

Big John and the Fortune Teller - Thai edition

Upcoming Titles

The Cobbler

Thrive

Jericho Walker: Mississippi Lizard Hunter and Other Short Stories

M

www.ingramcontent.com/pod-product-compliance
Lightning Source LLC
Chambersburg PA
CBHW021200020426
42331CB00003B/144